アドラー博士が教える

「話を聞ける子」が育つ魔法のひと言

Magical Words for Raising Children with True Listening Skills from Dr. Adler

集中力と素直な心を
ぐんぐん引き出す

星 一郎 Ichiro Hoshi

青春出版社

はじめに

子どもが人の話を聞いていない、あるいは言うことを聞かない。

こんなとき、「言うことを聞きなさい！」と叱ったり、「ちゃんと聞いてる？　わかった？」と注意してみたり。でも、何度言ってもわからないので、つい毎日ガミガミ怒ってしまってへとへとに疲れてしまう……。

私は長年、心理セラピストとして、そんな子育ての悩みやストレスをたくさん聞いてきました。ここで注意したいのは、その子に決して「聞く能力」がないわけではなく、「聞く気」がないというところです。自分に興味や関心のあることなら夢中で聞けるのです。

では、子どもが自ら耳を傾ける気持ちを引き出すには、どうしたらいいのでしょうか。叱るのでも、おだてるのでもない、効果的な話し方があります。

話し方といっても、たんに言い方や言葉のテクニックといった〝スキル〟では終わりません。親子の日々のやりとりのなかで、**親の「話し方」が変われば子どもの「聞き方」が変わります。**話す・聞くというのは人間関係の基本ですから、これらが変われば、「親子関係」が変わります。

「～しなさい」「～したらダメよ」「どうして～なの？」……など、**ふだん何気《なにげ》なく使いがちな〝ひと言〟をちょっと変えるだけで、子どもとの関係が驚くほど良く変わり始めるものなのです。**

本書では、アドラー心理学に基づいて、この子どもの「聞く」心や能力を伸ばす方法について、なるべく具体的な会話の進め方を用いながら、実践的に紹介しました。アドラー心理学とは、フロイト、ユングと並ぶオーストリアの精神科医アルフレッド・アドラー博士が創始した実践心理学のこと。その子育て法は、ほめたり叱ったりすることによって子どもをコントロールするのではなく、勇気づけることによって子ども自身の自信とやる気を引き出すというものです。

どの章からでも、役立ちそうなところから試してみてください。それまで「聞かない」と思っていた子どもとの関係に変化があらわれることを実感していただけるはずです。

また、**子どもが学ぶうえでも、「聞く」ことは大切な要素です。**相手の言うとおりに聞くという意味ではなく、自分から積極的に話に耳を傾け、理解して初めて、子どもは新しい発見をし、知恵や技能を身につけることができます。

「人の話を聞ける子」に育てることは、これからの時代に求められる学力やコミュニケーション能力をはじめとする、さまざまな能力を伸ばすことにつながるのです。

星　一郎

目次

第1章 「聞く力」をつけると、子どもは必ず伸びる7つの理由 ………29

第3章 子どもの素直な心をひらく「親子関係」のつくり方

第4章 こんな「聞く習慣」で、子どもはどんどん学ぶ

カバーイラスト　コージー・トマト
本文ＤＴＰ　ディーキューブ

序章

「話を聞ける子」と「話を聞かない子」の意外な違い

Magical Words for Raising Children
with True Listening Skills from Dr. Adler

人の話を聞いていない、叱っても言うことを聞かない……こんな悩みをもつお母さん、お父さんへ。

誤解しやすいのは、子どもが静かに聞く態度をとったとしても、話が伝わっているとはかぎらないということ。

聞ける子と聞かない子の違いから、今、子育てのカギとなる、本当の「聞く」の意味が見えてきます。

黙って言うことを聞く子を「いい子」と思っていませんか

最近、「人の話を聞けない子が増えている」という話をよく耳にします。先日も、小学校の先生から、

「すぐにガヤガヤ騒ぎ出すので授業ができません」

「何を考えているのか、ボーッとしていて、話を聞いていない子が多くて困っています」

「話が終わらないうちに、『あっ、それ知ってる！』『できるできる』と口をはさむのです」

などという相談を受けました。

たしかに、人の話を聞けないということは、将来、他人とコミュニケーションをす

るうえで、大きなマイナスになります。

「聞く」というと一見簡単なことのようですが、相手の話を理解し、納得して初めて話を聞いたことになります。相手の話を無視して自分の言いたいことを話していたら、自分勝手なコミュニケーションになりがちです。

人の話を聞く気がなくて勝手な行動をするわがままな子どもにしないためにも、本当の意味での「聞く力」を育てる必要があるのではないでしょうか。

しかし、先生方の悩みを聞いて、私はこれらの悩みが「話を聞いてほしい」のではなく、「ちゃんと座って、行儀よく静かにしてほしい」ことにあるのかと思ってしまいました。

先生方のなかには、「静かにしている態度」＝「話を聞いている」という思い込みがあるようです。

けれども、黙って静かに聞いていてくれれば、それでいいのでしょうか。

「聞く」という行為にも、いろいろな種類があって、英語でいえば、「ヒアリング」と「リスニング」という2つの言葉で区別することができます。

「ヒアリング」は、漠然と耳に入ってくる音をキャッチするだけの「聞くこと」であり、それならば、誰にでもできることです。

この場合、「聞いているようで、じつは聞いていない」ということがよく起こります。

姿勢を正すなり、黙って下を向いて話を聞く姿勢をとっているような場合です。話をしている先生や親は満足するかもしれませんが、子どもの成長に役立つとはいえないでしょう。

話すほうとしては、相手が静かに黙って聞いているので、話が伝わったと思いがちですが、こういうときはえてして、ほかのことを考えていることが多いものなのです。相手の話す声が外を通る車の音のように、単なる音としか捉えられていないのです。

それに対して「リスニング」とは、話し手の言うことに関心を向けて、自分のほうから意識的に耳を傾けることをいいます。

この場合、子どもなりの意見や考えが当然生まれてきます。

たとえば、「勉強してほしい」というお母さんの話を受けて、

「今はテレビを見たいから、勉強はあとにしたいんだけど」と思ったり、

「そうだ、お母さんの言うことを聞いて勉強しよう」

などと、自分の考えをまとめることができるでしょう。

私は、こういうリスニングの「聞く」を、本当の意味での「聞く」であると解釈しています。

つまり、**「話が聞ける子」とは、「黙って聞いている子」ではなく、「対話ができる子」をいうのです。**

話し手と聞き手が一方通行の関係になるのではなく、会話のキャッチボールができているかどうか――。それが「聞ける子」と「聞けない子」の違いなのです。

「昔の子は、おとなしく聞いていた」という声もありますが、それは、今よりも先生や親に権威があった時代、「怖いから」とか「静かにしていないと怒られるから」という理由だけで黙って聞いていたのかもしれません。

そういう意味で、相手の言うことを聞いて、機械的に言われたとおりにする子どもも、「話が聞ける子」とはいえません。

「勉強しなさい」と言えば「はい」と言って勉強を始め、「テレビを消しなさい」と言われれば、どんなに面白い番組でも「はい」と素直に従う。

これでは、リモコンひとつで動く人形かロボットのようなもので、そこに子ども自身の意思はありません。どこかムリをしていると考えるほうが当たっています。

子どもが不登校になったり、非行に走ったりすると、「あんなにいい子だったのに」と言われることがあります。

そういうとき、私には、彼らの「ムリ」が心身に溜まってしまって、それが爆発したのではないかな、と思えてならないのです。

伸びるのは「話す子」より「聞く子」

一般に、〝聞く子〟よりも〝話す子〟のほうが賢く見えるようです。

たとえば、学校の授業参観で、子どもたちが活発に議論しているとします。

「はい！　はい！　はい！」

と次々に手を挙げては我先に発言をするので、誰が何を言っているのか、話のテーマはどこにあるのかわからなくなってしまっています。

こんなとき、自分の子どもがその議論に参加していないのを見ると、親としては気が気ではないかもしれません。

「どうして、うちの子は何も言わないのかしら」などと心配のあまり、

「ダメでしょ、黙っていたら。ちゃんと言いたいことは言いなさい」

と叱咤《しった》激励してしまいます。

でも、ちょっと待ってください。

たしかに、現在の日本では、黙っていることに価値を置く日本人気質を非難する傾向があります。グローバル社会を意識しすぎているのでしょうか、「沈黙は金」などという言葉は流行《はや》らなくなりました。

しかし、話をすることに比べて聞くことのほうが価値が低いかといえば、決してそんなことはありません。

話をきちんとするためには、相手の言うことを丁寧に聞いて受け止め、理解するという過程が必要です。

つまり、話すためには、初めに「聞く」ありきであって、**よく聞ける子どもほど話すことも上手なのです。**

相手にきちんと自分の意見を伝えることができるわけです。

そこで、我が子が本当に意見を持たないのか、今は人の話にじっと耳を傾けているときなのかを見極めてみてください。

最近、「場の空気が読めない人」のことを揶揄《やゆ》する傾向がありますが、**「空気が読めない」といわれる人の共通点は、「人の話を聞いていない」ところにあります。**

初めから、しゃべることを決めてきていて、それを話すことに専念してしまうので、聞き手に合わせた臨機応変の受け答えができないのです。

極端な言い方をすれば、しゃべるだけなら、海に向かって、ひとりでしゃべることもできます。それに比べて、聞くということは、絶対に話し手という相手がいます。それだけ話し手に対しての強い関心が必要です。

そういう意味で、「聞く」ということは共同作業といえるでしょう。たくさん話せるようになるためには、たくさん聞かなければいけないというのが、言葉のキャッチボールの原則なのです。

別の言い方をするなら、**人の話を聞ける子は、共同作業の相手である話し手を尊敬できる子**といえます。

相手が投げる球をきちんと受け止め、理解し、投げ返すということができるわけです。

それは、相手と協力し、いっしょに何かを成し遂げることができるともいえます。投げているばかりの教室では、結局何も決めることができないのではないでしょうか。

また、こうした「言葉のキャッチボール」ができる子どもは、**人にも好かれます。**

人が話すのは、自分を人に理解してもらいたいからなのです。

「わかってくれた」という思いは、相手に好意を抱くきっかけになるにちがいありません。

子どもの心をつかむ親は、「話し方」が違った！

「聞く力」が持つメリットはたくさんあります。それについては次章で詳しくお話しすることにして、この**「聞く力」というのは、親の何気ないひと言で身につけることができます。**

たとえば、朝の忙しい時間に、

「早くしなさい！　ぐずぐずしないの！」

と言うお母さんと、

「早くしてくれると、お母さん、時間に間に合うから助かるな」

と言うお母さんがいます。

いったい、子どもはどちらに耳を傾けるでしょうか。

ほとんどの人が最初の話し方をされているだろうと思います。

アドラー心理学では、「YOU（ユー）メッセージ」と言います。「あなたは〜」とYOUを主語にした言葉です。ほかにも、「宿題をしなさい」「（あなたは）いつも忘れ物が多いんだから」「（あなたは）いい子にしてないとダメじゃないの」……ふだん使いがちな言葉ばかりです。

じつは、**こんな伝え方をすると、子どもは100パーセント「わかりました」と黙り込むか、100パーセント反発するしかありません。**

一方、後者のように、「私は〜」とお母さんの気持ちを伝える話し方を、「I（アイ）メッセージ」といいます。「私はこう思う」という言い方です。

もうおわかりのように、**子どもを〝聞く気〟にさせるのはIメッセージ**のほうです。

この違いがどこにあるのか。Iメッセージは、子どもと対等の関係、つまり横の関係であることです。もちろん、親のほうが知識も体験も豊富ですが、Iメッセージの基本にあるのはそれとは関係なく、人としての価値は同じだということです。

それに比べて、YOUメッセージは、お母さんが高みに立って子どもを断定的に評価しているわけです。つまり、お母さんは神様のように偉い人ということになります。上下の関係ができるのです。

どうして対等の関係がいいのか。それは、お母さんも子どもも自由に意見が言えるということです。つまり、お母さんはＩメッセージを使うことで、子どもへの期待や要望を自由に伝えることができます。

子どもは子どもで、それをお母さんの意見と捉えますから、反論も抵抗もできます。たとえば、お母さんが子どもに東大に入ってほしいとか、お父さんの後を継いで医者になってほしいなどと思ったら、それを「私の望みは……」と、正直に言えばいいのです。

子どもは「お母さんはそう思っているんだね」という前提で考えることができますから、「僕は医者よりも音楽の勉強がしたいんだ」などと、こちらもまた正直な思いを伝えることができるでしょう。

よく、子どもにプレッシャーがかかるから期待などしてはいけないといわれますが、そうすると、子どもが「期待されない子」と自分にレッテルを貼ってしまう場合があります。いけないのは期待通りにしようとすることであって、期待することではないのです。

第一、子どもに期待しない親などいるでしょうか。「好きにしていいよ」と言うのはあくまで建前であって、本心がほかにあれば、子どもはすぐに親の本心を察するでしょう。ならば、期待は期待として正直に言うほうがいいのです。

そして、「人間はみんな平等なんだよ」などとスローガンのように教えるよりは、こうしたメッセージを使うほうが、ずっと子どもの心に浸透します。

「お母さんはこう思うけどどうかな」という話し方をしていると、子どももまた友だちや後輩に同じ話し方ができるようになります。知らず知らずのうちに「人は平等なのだ」ということがわかるようになるのです。

第1章

「聞く力」をつけると、子どもは必ず伸びる7つの理由

Magical Words for Raising Children with True Listening Skills from Dr. Adler

「聞く力」というと、話を聞き分けたり、話の内容を理解したりすることだと思われるかもしれません。

しかし、「聞く力」を身につけることは、学力やコミュニケーション力をはじめとするさまざまな能力に結びつきます。

なぜ、今の時代、「聞く力」が必要なのでしょう。「聞く力」を養うことによって、どんな子どもに育てることができるのでしょうか。

1 人の話に興味を持ちつづける「集中力」が身につく

「うちの子は、やればできるんだけど、集中力がなくて……」

という声をよく聞きます。

この「集中力」も、相手の話を聞き続けることができると、自然に養うことができます。

子どもは、そもそも興味のない話を長くは聞いていられないものです。

先生の話を最後まで聞かずに、そわそわしたり、おしゃべりしたりしてしまうというのも、その子にとっては関心を持てない話題だからです。年齢にもよりますが、「興味の持続する時間」が短いからなのです。

けれども、「わかんない」「つまんないな」という気持ちを少しガマンして、相手の話に興味を持ち続ける時間を延ばしていけると、子どもは変わり始めます。たとえば、こんなふうに――。

子どもを結婚式場に連れて行ったとします。来賓《らいひん》の挨拶はえてして退屈なものです。「今日は朝からあいにくの雨で、せっかくの美しい庭園をじっくり見ていただけなくて大変残念です。しかし、『雨降って地固まる』と申しまして……」

しかし、このひとときをガマンして聞いていたら、やがて話は佳境に入っていき、従兄《いとこ》である新郎の失敗談などが披露されました。従兄をすごい大人だと思っていた子どもは、場内の笑いの渦の中で、従兄に親近感を覚えることができたのです。

このような、いい意味でのガマンの体験を積み重ねることで、子どもは**ガマンして聞いている時間を、期待して次の展開を待つ時間に変えることができるようになります。**そして、

「あのおじさん、雨降ってなんとかかって言っていたけど、どういう意味？」

「それはね、雨が降ったあとは、ゆるんでいた地面がかえってしっかり固まるでしょ。

今日結婚した二人の絆《きずな》も、そんなふうにもっと強くなれますよっていうことなのよ」

などという親子の対話を始められるでしょう。

子どもは**新しい知識を獲得できる**わけです。

これはまさに、集中力が養われた賜物《たまもの》といえるでしょう。

私が思うに、集中力とは、人の話を聞き取るために必要不可欠なものであり、同時に、集中力があって人の話が聞ける子どもは、さらに集中力を身につけることができるのです。

集中力を「持続する力」と言い換えれば、訓練によって15分、30分、45分……とだんだん時間を延ばしていって、その力をつけていくことは可能です。

そういう意味で、「集中力」と「聞く力」は、鶏と卵のように、どちらが先というものではなく、相乗作用で養われていくものといえそうです。

子どもが小学校1年生ぐらいですと、集中力は15分ぐらいが限界です。

子どもは本来動くことが好きなものですから、ガマンできる力を養うことで、その時間を長くしていくわけです。

また、このようにして身につけた「集中力」や「ガマン力」は、いろいろな場面でその力を発揮するようになります。

たとえば、子どもが、

「ママ、これ、ほしいー。買ってー」

と言ってきたとします。

子どもが欲しがるからといって、むやみに買い与えていたのでは、次から次へと新しいものを欲しがるようになり、高価なおもちゃを粗末に扱うようにもなるでしょう。

そんなとき、子どもに「ガマンができる力」があれば、すぐに手に入らなくても、どうしても、今すぐ欲しいのだというストレスを感じさせることはありません。

「今は買えないけど、クリスマスまでガマンして待っていられたら、買ってあげられると思うよ」

というお母さんの言葉を聞いて、クリスマスを指折り数えて、それこそワクワクしながら待つことができるようになります。

そして、**待った時間のぶんだけ、すぐに手に入ったときよりも喜びは数倍大きくな**

るのです。

あるいは、お母さんが「面白いよ」と言うので読み始めてみた本。

「なんだか風景描写ばっかりで面白くないな。でも、お母さんが面白いって言うんだから、もう少しガマンして、もうちょっと読んでみよう」

という気持ちになって読書に集中できるのではないでしょうか。

2 わがままではない、ホンモノの「自己主張」ができる

「言うことを聞きなさい！」が口ぐせになっているお母さんがいます。

しかし、序章でも紹介したように、このひと言から返って来る言葉は、「わかりました」と言われたことを100パーセント聞き入れるか、「イヤだ」と100パーセント反発するか……。聞いた話を鵜呑《う》みにして受け入れるか、そのまま打ち返してしまうかで、話を聞き取る余地はありません。

話を聞き取るとき、子どもの頭のなかでは、どんな作業が行われているのでしょうか。

まず、聞いた話と自分の知識をチェックして照らし合わせます。

そして、自分の知識のほうが足りなければ、「へえ〜」という〝発見〟が得られる

でしょう。

自分の知識が間違っていると思えば〝修正（反省）〟し、相手のほうが間違っていると思えば、「納得できない」と反論するでしょう。

つまり、**話を聞き取れると、自分の頭で考えて、自分の意見を言える。自分の考えを主張できる**というわけなのです。

たとえば、「家でゲームばかりするのはやめなさい！」と毎日のように叱っているご家庭は多いようです。

ゲーム機に関しては、使いようによっては有益な場合もありますから、一概に禁止したほうがいいとはいえません。しかし1日5〜6時間もゲームに熱中している子がいるといわれる昨今、お母さんたちが与えたくないものの一つになっているようです。「時間を決めてやる」「宿題をやってからする」などと、あれこれ約束させては、それを守らせようとして子どもとの攻防戦に疲れ果てているお母さんも多いことでしょう。

ところが、日ごろから親子の対話が成立していて、子どもの側に「聞く」という習慣ができていると、こうした闘いを必要としなくなります。

「新しいゲームを買ったら、家のなかでばかり遊ぶようになるでしょ」「○○ちゃんは、ゲームにはまって、サッカーをやめたって聞いた」と言うお母さんに対し、「サッカーは好きで始めたんだからね。ゲームをしたくてやめるなんてことあるわけないじゃない」

「だったら、約束するよ。1日に1時間だけって決めればいいんでしょ」

と、お母さんの言葉から、自分の考えを生み出し、欲しいものを手に入れる方法を、知恵を絞って考えることでしょう。

お母さんは、ここで「しめた！」と考えればいいと思います。

なぜなら、こちらからあれこれ約束させなくても、子どものほうから約束事を言い出したのですから。

子どもは、自分で言い出したことですから、自分のプライドにかけてそれを守ろうとします。子どもと、守った、守らなかった、とケンカをせずにすむというわけです。

ここで、反対のケースも考えてみましょう。「わかった。いらないよ」と子どもが簡単に引き下がってしまったらどうでしょう。

お母さんは、自分の言うことを理解してくれたと満足するかもしれませんが、じつはそうではないかもしれません。

私が思うに、それは単に、話が伝わったというだけのことです。話を聞いて、それを理解してチェックできる子どもならば、おそらく反論を試みるでしょう。しかも、「みんな持っている」などという主張が通らないということまで理解できているにちがいありません。

お母さんは、ともすると、子どもの反論を「反抗ばっかりして」「小さいころは何でも素直に聞いてくれたのに」と思いがちです。

しかし、子どもが人の話をちゃんと聞けるほどに成長したことを、まず喜んであげてください。人の話を聞けなければ自己主張はできないのですから。

そういう意味で、相手の話を聞かずに自分の言いたいことだけ主張するのは、単なる〝わがまま〟であって、〝自己主張〟とはいえないのです。

3 新しい発見ができる

前項でふれたように、相手の話を聞き取れると自分の知識をチェックできるので、「へえ～、知らなかった」という新しい発見を得ることができます。

相手の話から刺激を受けて一種のひらめきが起き、自分の知識をより深めることができるのです。

こんな例があります。

子どものクラスでいじめが起きていると聞いたあるお母さんは、おしゃべりな我が子がその話をまったくしないことが気になりました。子どもは、クラスはみんな仲良しで、いじめなんて知らないと言い張ります。

「おかしいな。デブとか死ねとかって言って、クラスのゴミだなんて邪魔にしているって聞いたんだけどな」

「ああ、でもそれは冗談で言っているだけで、ちょっとした意地悪だよ。僕は何も言ってないし」

驚いたお母さんは、つい怒り声になって言いました。

「何言ってるの。そういうのは意地悪っていわないのよ。そういう相手がどうしたらいいのかわかんないような悪口を言うのは、いじめっていうんだよ。意地悪といじめはすごく違うのよ。それと、知らん顔をしているのは、いじめている子の仲間入りをしているのと同じじゃないかな。友だちのことを本当に思っていたら、そんなことはできないとお母さんは思うよ。あなたも知っているマザー・テレサも言ってるわよ、愛の反対は無関心だって」

子どもはこれを聞いて、びっくりしました。ただの意地悪だと思っていたのに、それはテレビで報道しているいじめだっていうこと、自分は何もしていないと思っていたのに、いじめといっしょだと言われたこと。この2つのことを発見したのです。

人の話を聞ける子どもは、こうして相手の話から思ってもいないような刺激を受けて、新しい発見をしていきます。

一種のひらめきが起きて、自分の知識を広めた子どもは、何か期することがあったのでしょう。同じように関係ないと思っている友だち数人を味方にして、いじめっ子に敢然と立ち向かっていったのです。

最近、私が気になっていることは、こうした「関係ない」病が大人の世界にまで蔓《まん》延《えん》していることです。

電車のなかでの無作法な振る舞いを注意する人はめったにいませんし、極端な例では、ネット上のバーチャル世界に逃げ込んでしまう人も増えています。

「誰にも迷惑をかけていない」「他人は関係ない」と、人間同士の情緒的な係わり合いを否定し続けていては、人の話に新発見をすることはできないでしょう。そうなると、自分の感情をコントロールする訓練もできません。

そして、自分の感情が抑えきれなくなったとき、自殺するほど傷ついたり、殺すほどキレてしまったりして、極端な行動に出てしまうのかもしれません。

4 反省して、視野を広げられる

女優の沢村貞子さんが生前、小学校時代の思い出を次のように語っています。

あるとき優秀な成績表を持って帰った彼女に、彼女のお母さんはそっけなく「そうかい」とだけ言ったそうです。

せっかくほめてもらおうと思っていたのに、と不満だった彼女は、

「できない子だって大勢いて、左官屋さんちの初ちゃんなんか、算術ができなくて、先生に叱られて……」

さらに、クラスメイトのあれこれを言いつのろうとする彼女に、お母さんはぴしゃりとこう言いました。

「バカなことを言うんじゃない。学校の勉強ができればそれでいいってお前は思って

いるのかい。情けない子だね。初ちゃんは、算術はできないかもしれないけど、弟たちの面倒はよく見るし、ご飯の支度《したく》だってお前より上手だよ。人それぞれいいところはあるんだからね」

自分のことだけでなく、よその子のこともよく知っていたお母さんは、こう言って貞子さんをたしなめました。とくに、「人それぞれいいところはあるんだからね」という締めくくりの言葉はさぞ効果的だったことでしょう。

お母さんは意識していなかったのかもしれませんが、その言葉によって、お母さんが自分のよさも認めてくれたことがわかったのです。

これを聞いた沢村貞子さんが、友だちのことを見直して、得意になっていた自分を反省し、自分の価値観を変えたといいます。

人の話を聞き取ることができる子どもは、このように反省し、自己修正をしては、自分の世界を広げていくことができます。

しかし、ここで注意していただきたいのは、**同じひと言でも、会話する相手との関係によって受け取り方はまったく違う**ということです。

たとえば、「勉強しなさい」というひと言。命令形の問題点についてはすでに紹介しましたが、どんな言い方でも、ふだんお母さんと子どもとの関係がよければ、おそらく素直に聞いて勉強する気になるかもしれません。

一方で、ふだんは母子の関係が悪く、「お母さんはいつも勉強、勉強って口うるさい」と子どもが感じていたとすると、「また勉強って……勉強なんかしたくないよ」と子どもはネガティブに受け取ることになります。

そこで一番大切なのは、**ベースになる親子関係を安心できる関係にすることです。**

親子の間に信頼関係ができていれば、子どもはお母さんの話に素直に耳を傾け、そこから多くのことを学ぶことができます。

5 想像力・創造力を発揮できる

想像力・創造力というと難しく聞こえるかもしれませんが、人の話を興味を持って聞くとき、誰でも**「なぜ、そうなるんだろう」「そのあとどうなるんだろう」という想像力を働かせたり、「どうしたらいいんだろう」「じゃあ、こうしよう」といった創造力を発揮させることができます。**

たとえば、

「月には本当にウサギはいるの？」

と子どもが聞いてきたとします。

子どもは「どうして？　どうして？」と、いっとき親を質問責めにするものですが、どんな答えにくい困った質問でも、話の内容はどうあれ、とにかく質問に答えてあげることが大切です。

子どもが「?」という疑問を持っているときが、話をするチャンスです。

「月にウサギはいるの?」と思っていないときに、月に関する話をしても、子どもは興味を持って聞きません。今なら、月にウサギがいるかどうかを確かめるために、お母さんの話に耳を傾けているのですから。

「ほら、月の模様が2匹のウサギがお餅をついているみたいに見えるでしょ」

などと話せば、子どもは、ウサギが餅つきをしている様子をあれこれ思いをめぐらせます。

そして、「月にはどんな生き物が住んでいるんだろう」と想像をふくらませたり、「どうしたら月に行けるんだろう」「こうしたら月面の様子がわかるんじゃないかな」などと創造力を伸ばしていけます。

これは、人類が進歩してきた原動力でもあります。昔の人が月にロマンを感じ、「月に行きたいなあ」「月面はどんなふうになっているんだろう」と思ったからこそ、宇宙飛行船ができ、宇宙旅行も夢ではない時代になったのです。

そして、月に興味・関心を持ったところで、

「十五夜にお月見をして、おだんごを食べるんだよ」

……などと、日本伝統のしきたりまでも教えられるかもしれません。

「わからないことがわかる」。こうした体験を通して、子どもは本当の意味での勉強をし、学ぶことに喜びを見出すことができます。

6 相手の気持ちを受け止め、くみとれるようになる

「聞く力」を身につけると伸びるのは、話の内容を聞き取るという知性だけではありません。

相手の人の気持ちや感情を捉えるという感情面を伸ばすことにもつながります。

「イヤ」という言葉ひとつとってみても、本当にイヤがっているのか、からかっているのか……言葉の額面通りに受け止めると、相手の気持ちを誤解してしまうことになります。

話の内容だけでなく、そのとき相手に流れている気持ちまでいっしょに聞く必要があるのです。

といっても、この相手の感情を聞く、気持ちをくみとるようになるには、特別な練

習は必要ありません。

ふだんの親子の会話から、自然と身につけられるものです。


たとえば、子どもといっしょにテレビで地震のニュースを見ているとき。

「また大きな地震がきたねえ」

「亡くなった人も大勢いるみたいだね」

「家が壊れてしまって、避難所で暮らしている人もいるみたい」

「震度6だってよ」

などという会話が、どこの家でも交わされることでしょう。

しかし、同じように見える会話でも、それが単なる情報交換としての会話だったら、テレビのチャンネルを替えたとたん、気持ちはバラエティ番組に切り替わってしまいます。

ニュースを聞くということは、このように話の中身がわかっただけでは、聞いたことにはなりません。

やはり、心のどこかで、そこに住んでいる人々の痛みを自分の痛みとして感じることができる聞き方が、「聞いている」ことになるのではないでしょうか。

「大変だったなあ」
「怖かったろうね」
「病気の人や、足が不自由で動けない人だっているよね。どうしているんだろう」
「犬とか猫とかだって、怖い気持ちに変わりないよね」

などと現場に思いを馳せて、そこに住む人々やペットの気持ちまでくみとることができるのです。

「ボランティアで行った人の話だけどね、遠くにいたら絶対にわからないものがあるんだって。あのね、トイレや下水が壊れてしまったから、ニオイがすごいってよ」

お母さんやお父さんのこんなひと言で、その大変さを理解し、地震というものが、どれほどすごいものかがわかるというものです。

今、世界各地で紛争が起きています。私たちはリアルタイムで流された映像を見せられて、何か映画の一シーンでも見ているような錯覚を起こしがちです。

しかし、しっかりと耳を澄ませて聞き、そこから得た情報に心や感情を吹き込みたいものです。

そうでなければ、そこに暮らす人々の気持ちをくみとることができないのです。

大人の世界でも、有能なセールスマンは聞き上手だといいます。

それはやはり、顧客の気持ちを受け止め、くみとる力があればこそではないでしょうか。

7 生きる力に欠かせない「本当の学力」が育つ

道徳の時間に、先生が「泣いた赤おに」という童話を使って、友情の大切さを話してくれたとします。

話を聞いて、子どもたちはみんな、「友達は大切だ」と思いました。

ところが、翌日の教室で〝悪ガキ〟がクラスの女の子をからかって、バカにしていたのです。クラスのお友達は知らんぷり。

そのなかで、ある男の子だけは先生の話を思い出し、勇気を振り絞って「やめなよ」と、その女の子をかばいました。悪ガキは「うるせえな」と言いつつもやめてくれました。その男の子は胸をドキドキさせながらも、「言ってよかった」と思ったのです。

この例のように、いくらすばらしい話を聞いて新しい知識を身につけても、その知識を実際に使えなければ、「本当の学力」とはいえないのではないでしょうか。

そもそも本当の学力は、暗記や能力主義では身につかないものなのです。

行き過ぎた能力主義は、学力テストから知的障害児をはずすという事件や、「学力テストの結果がいい子は優れた人間で、悪い子は劣った人間だ」という二極的な考えを生み出す土壌にもなります。

もちろん、能力を開発してあげることは大切です。しかし、最も重要なのは、「その能力をどう使うか」を教えてあげることでしょう。

能力を高めることに邁進《まいしん》するばかりで、この「能力の使い方」という視点を忘れているから、高い学歴を持ちながら「お金を儲けて何が悪いのか」とうそぶく人や、競争社会で勝った人が富を独り占めするという発想が出てくると思うのです。

これでは本当の学力とはいえません。

「本当の学力」とは、まさしくこの章でご紹介した、自分で考え、新しいことを発見したりクリエートする力、自分で問題を解決し、これからの人生を切り開いていくために必要な、「生きる力」につながる能力をいうのではないでしょうか。

第2章

自分から聞く気にさせる“ひと言”の魔法

♡ Magical Words for Raising Children with True Listening Skills from Dr. Adler ♡

「どうして言うことを聞かないの？」「何度言ったらわかるの？」

……そうやって叱る毎日にへとへとになっていませんか。

こんなとき、叱らなくても子どもを〝聞く気〟にさせる「魔法のひと言」があります。

ふだん何気なくかけている言葉をちょっと変えるだけで、子どもが納得し、自分からやろうとする気持ちに変えることができるのです。

「ダメ」と叱らずにすむひと言

「テレビばっかり見ていたらダメでしょ」

⬅

「そのテレビ、きりがついたらお手伝いしてね」

みなさんは、「ダメ」という言葉をふだんどれだけ使っているでしょうか。「ダメ！」という言葉でしつけて親の言うことを聞いてくれればいいのですが、たいがいの場合、逆効果になりがちです。

それは、「ダメ」という禁止用語で子どもから考える力を奪うもとになっていることが多いからです。

「いけません、いけません」という育て方をしていると、子どもを無気力にする恐れもあります。

親の力がまだ強く、子どもへの強制力が維持できている時期に、これもダメ、あれもダメと言われたら、子どもはそれに従わざるをえません。結局、何をしたらいいのかわからなくなってしまうのです。

こんなウソのような話を聞いたことがあります。

小学生の男の子が学校から帰ってきて、テレビを見ていたら、お母さんに、

「テレビなんか見てたらダメでしょ」

と言われ、テレビゲームを始めたら、お母さんが飛んできて、

「またゲーム？　やっちゃダメって言ったでしょ」

と言われ、仕方がないので部屋でマンガを読んでいたら、また飛んできたお母さん、

「マンガ本なんてダメよ」

と言って、やることなすこと禁止したというのです。

この男の子は何をしていいのかわからなくなって、ヒマな時間をもてあまし、ごろ

っと寝転んで考え事をしていました。すると、

「なんで、ごろごろしてるの？」

とまた叱られたというオチがついたそうです。結局、彼はキレてしまって、お母さんの言うことに耳を傾けなくなってしまいました。

もし、子どもがテレビやゲームやマンガにばっかり没頭していると思ったなら、それを**ただ禁止するだけではなく、代わりに「こうしたらどう？」という対案を出してあげる**ことが大切です。

「お母さんと遊ばない？」

「トランプしない？」

「犬の散歩に行くけど、一緒に行かない？」

「今日は満月だから、ススキを取りに行かない？」

などなど、何でもいいと思います。子どもが興味を持ちそうなことを選んで誘ってみてはいかがでしょうか。

どれかひとつでも乗ってきたら、それをきっかけにして話も弾むことでしょう。

そういえば、岡島秀樹投手が大リーグであれだけ活躍できたのは、あの独特の投球フォームを「ダメ」と言われなかったからだと聞いたことがあります。

　型にはめられなかったのがよかったようです。「ダメ」という言葉を使うのをやめると、子どもを型にはめずにすむという効果もあるのです。


「仲良くしなきゃダメでしょ。わかった?」

↓

「じゃあ、どうやったらケンカしないですむかな?」


子どもが「わかった、わかった」と言って、じつは何も聞いていない、わかっていないケースがあります。

たとえば、兄と弟がテレビのチャンネル争いをしているとします。

「ケンカしちゃダメでしょ。仲良くしてくれなきゃ。ふたりっきりの兄弟でしょ」

「わかった」

「本当にわかったの?」

「わかったよ。うるさいな」

兄弟ともに自分の部屋へ引き揚げていきました。

しかし、これでチャンネル争いがやむでしょうか。残念ながら、私にはやむとは思えません。子どもは「わかった、わかった」という返事をしていますが、本当はわかっていないからです。

子どもは、お母さんの**説教から逃げたくて「わかった」と言っているだけなのです。**

いわば、その場逃れの口実として、「わかった」と言っているわけです。

お母さんがうるさいから、チャンネル争いは「早い者勝ち」みたいになって、表面的な争いはやむかもしれません。しかし、水面下では熾烈な争いが繰り広げられていることでしょう。

そして、同じような場面、たとえば、おもちゃの取り合いなどでも、また同じ説教の繰り返しになります。

兄弟ゲンカが起きたとき、お母さんがケンカそのものを止めようとすると、子どもはお母さんの言うことを聞いている「フリ」をするだけの結果になります。

本当の意味で聞いてもらうには、ケンカをしないためにはどうしたらいいのかを考えさせる方向に持っていくことです。ケンカという形での解決方法しか知らなければ、子どもはそれを使うしかないのです。

つまり、子どもが「わかった」と言ってから勝負は始まると考えたほうがよさそうです。

「わかった」

「ありがとう、わかってくれて。でも、今度ふたりが違う番組見たくなったらどうする?」

「今日は何を見るか、初めに決めておくよ」

「そうね。そうすればケンカにはならないね。これからはそのルールでいこうね」

といった具合に、兄弟にお母さんも交えた話し合いができれば、「わかった」は、「本当にわかった」という「わかった」になることでしょう。

また、ケンカの原因を知ろうとするのも、解決法を教えていないという点で効果がないのです。

「なんで殴ったの？」

「だって、○○がぼくのおもちゃを取ったんだもの」

「貸してって言ったのに貸してくれないんだもん」

結局、どっちが悪い、あっちが悪いの言い争いになり、火に油を注ぐことになってしまいます。

「○○が取ったからぶったんだ」

「だって」

「取られてイヤだったかもしれないけど、殴らないで取り返せるほうがいいと思うよ」

「返してって言ってみれば？ こっち貸すからって言えば？」

「うん、言ってみる」

「それでも返してくれなかったら、5分だけ貸してあげることにしたら？」

このように、解決する方法を教えてあげれば、こちらの話を聞いてくれます。ケンカも早く収まり、いい方法を見つけた子どもはケンカの数を減らすことができるでしょう。

「危ない！　走っちゃダメ！」
⬅
（言葉でコントロールせずに）手を握って、さっとその場を離れる

街でこんな光景を見かけませんか。お母さんの手から離れて、走り出す子に、

「走ったらダメ！」

「危ないでしょ！」

そして、子どもが車道に飛び出そうとした瞬間、

「ダメ！　戻ってらっしゃい」

と金切り声を上げて、叱りつける。

危なくてヒヤッとしますね。しかし、幼稚園児ぐらいの小さい子どもの場合、〝言葉〟でコントロールするより、〝行動〟でコントロールしたほうが得策といえます。

なぜなら、「危ないでしょ」と言われても、幼い子どもには車道に飛び出すことの危険性がよくわかっていないからです。

したがって、そういうときは子どもを無条件で守ってあげなければいけないのです。

危険な場所では手をしっかり握ってあげればいいのです。子どもには、言葉ではなく体で覚えるしか仕方がない時期があるのです。

歩道を歩くときでも、「こちら側を歩きなさい」と言うより、お母さんが車道側を歩いたほうが効果的です。歩きながら、その意味を説明すれば、理由がよくわかり、大人になったとき、今度はお母さんをエスコートしてくれるかもしれません。

そしてもうひとつ、子どもの行動を制止しようとするとき、怒ってしまうと子どもは恐怖感を覚えます。

「何やってるの！　車に轢《ひ》かれて死にたいの？」

などと、心配したあまり、子どもを脅《おど》かすようなことを言うと、子どもは親の想像以上に怖がります。恐怖感からすくんでしまい、車道から動けなくなる危険性もあります。

そして、恐怖感は、子どもの成長に大きな害を与えかねません。

では、どうすればいいかというと、基本は「にっこり笑って、ばっさり」です。

「そっちは危ないからやめようね。はい、こっちねー」

と手をつかんであげればすむことなのです。

この「にっこり笑って、ばっさり」は、子どもがスーパーで、

「買って買って」

と騒いだときも有効です。とくに小さい子どもの場合、

「買わないって言ったでしょ」

と怒っても泣きわめきます。そういうときは、怒って恐怖感を与えないことを考えましょう。

もしあきらめたとしても、怖いからあきらめただけです。**最も有効なのは、その場を離れることです。**

「ごめんね。今日は買わないよ」

と、やさしい顔で、黙って抱きかかえてしまえばいいのです。

小さい子どもの場合、視界から消えれば欲求そのものをなくすので、あっさりと泣きやむものです。

目の前においしそうなお寿司があるのに、いくら「あなたは病気だから食べないで

ね」となだめすかしても、食べたくなります。けれども、目の前になければ、「具合がよくなるまで食べないでね」という言葉で納得するでしょう。

言うことを聞かない子を怒る毎日で、もうヘトヘト……というお母さんは多いようです。でも、しつけは怒らないほうがうまくいくのです。

「にっこり笑って、ばっさり」方式でいけば、怒らずにすみ、子育てはぐんとラクになります。

「約束よ」「お願いね」は〝裏命令〟の言葉

「1本なら食べていいよ。約束よ」

↓

「おなかを壊しちゃうから、お母さんは1本のほうがいいと思うな」

子育ての場面でよく使われる「約束よ」「お願いね」という言葉。命令形の言葉ではないし、親としてはそんなつもりはないので意外に思われるかもしれませんが、子どもにとっては命令と同じように受け止められます。**じつは命令なのに、約束やお願いにすり替わっている言葉なのです。**

たとえば、子どもがアイスクリームを欲しがったとき、

「1本だけね。約束よ」

と言って与えたことはありませんか。食べ終わった子どもは、おいしかったので、もう1本ちょうだいと言い出します。

「だめ。約束したでしょ」

「1本じゃイヤ！　もう1本ちょうだい！」

「ダメって言ってるでしょ。もう1本あげたら、またもう1本っていうに決まっているんだから」

ふたりの争いに、

「じゃあ、2本食べてもいい？　ってお母さんに頼んであげようか」

と、お父さんが口を挟むと、お母さんの怒りは大きくなるばかり。子どもは最大の味方を得て、もう1本、もう1本と騒ぎます。

どの家庭でもよくある光景です。どうして家族中を巻き込んだ揉《も》め事になってしまったのでしょうか。

これは、最初の出発点から間違えてしまっていたのです。揉め事の元は「1本よ。

約束ね」なんですね。お母さんは意識していなかったでしょうが、これは命令語だったのです。子どもと約束をするときは、あくまで話し合ったうえでするのが原則です。

「お母さん、アイスクリームちょうだい」

「何本欲しいの？」

「２本」

「２本？　お母さんは、１本のほうがいいと思うけどな。おなかを壊したら大変だからね」

「イヤ。２本ほしい」

「おなか、大丈夫？」

などと話を合わせていくわけです。そして、

「やっぱり１本のほうがいいと思うし、お母さんも食べたくなったから、１本ずつにしない？」

などと提案すれば、子どもは次第に、２本は食べすぎかな、と思い始めます。そして、話し合ったうえでの約束です。「もう１本」とは言えなくなるはずです。

私たちは、このように無意識に命令してしまう「裏命令」で、子どもに何かを強制していることが多いものです。それが、子どもが話を聞いてくれない理由になっているのではないでしょうか。

同じ意味で、「お願いね」という言い方も、「ね」をつけた瞬間、お願いではなく命令になります。子どもは「ね」をつけられることで拒否できなくなるのです。そこで、

「布団とりこんでおいて。お願いね」

ではなく、

「布団とりこんでおいてくれる？　お願いしていいかな」

と言うといいでしょう。そうすれば正真正銘のお願いになるからです。

「3時から練習するって、約束したでしょ?」

⬅

「何時からする? 何分くらいなら練習できるかな」

子どもとの約束を守ることは大切ですが、その約束を子どもが納得したものでなければ、やはり命令したのと同じことになります。

たとえば、ピアノの練習を約束の時間にやらない子どもがいたとします。お母さんは、

「3時になったらやるって約束したでしょ。約束は守らなければダメよ。自分で習いたいって言ったんでしょ。やらないなら、もうやめたら?」

と叱りました。でも、この約束、子どもが納得したうえでの約束だったのでしょうか。

「そんな約束はイヤ」

という子どもの言い分を認めない約束ならば、それは約束ではなく命令です。

その約束を守らないからといって叱るのはどうでしょう。約束は、双方の一種の契

約ですから、双方が納得したうえで行います。

「レッスンの前に練習したほうがいいと思うよ。何時からする？」

「わかった、3時になったらするよ」

という具合に話を進めて決めるのが本当の約束です。

そして、本当はお母さんがレッスンを続けさせたいと思っているなら、練習をしなければレッスンをやめるという約束はしないことです。約束は双方で守らなければいけないからです。

練習時間についても、前に述べたような確認作業が必要です。

「3時になったらね。何分ぐらいなら練習できるかな」

「1時間ぐらい」

というふうに確認しておかないと、5分ぐらいで「もうやった」と言われ、ケンカのタネになってしまいます。

また、約束が守られなかったときでも、

「約束したでしょ？　どうして守れないの？」

という言い方は知恵があるやり方とはいえません。

子どもは、約束そのものをしないようにしようと思うでしょう。単に忘れていただけなのかもしれないのです。

「もう3時になるよ。練習始められるかな」

こんなふうに促してみてください。気づいていないのかな、というニュアンスで、気づかせてあげるというふうにやれば、子どもはふくれっ面をせずに約束を守ってくれるでしょう。

お母さんを悩ませている**ゲームのやりすぎや携帯の使いすぎにしても、話し合いでルールを決めておけば、案外簡単に解決します。**

ゲームは2時間、携帯は、9時以降は居間に置いておくなどのルールを決めておけばいいわけです。

ルールを決めておかないと、その日のお母さんの機嫌次第で、1時間やっただけでも怒ったり、長時間やっても許してしまったりとムラが出てきます。これもいいことではありません。

しかし、ルールや約束は神聖なものとはいえ、守れないこともあります。そういうときのために、守れなかったときのルールも決めておくといいでしょう。

「2時間以上やってしまったときはどうする？　1週間禁止？」

「1週間はちょっと長いよ。3日にしてくれない」

「じゃあ、中をとって5日」

「わかった」

こうしておけば、気まぐれで許したり許さなかったりということもなくなります。

そして、決めたルールは守るのが原則です。そういう意味では、家庭もひとつの社会なのです。

「なぜ？」と問うより、「どうするか」を考えさせる

「どうして学校に行かないの？」

⬅

「どうしたら学校に行けるかな」

もしこれが、転んで骨を折ったとか、風邪を引いて熱を出したとかというのであれば、手術をしたり、解熱剤を飲んだりして治すことができます。原因が明らかにわかっていて、その原因を取り除けば治るからです。

同様に、子どもが不登校になったときも、お母さんはつい、

「なぜ行けないの？」

と、その原因を知ろうとしてしまいます。病気と同じように、原因さえ取り除けば

学校に行けるだろうと期待するわけです。その気持ちはよくわかりますが、行けなくなった理由など、子どもにもよくわからないことが多いものです。

子どもが何らかの理由を挙げ、言っているような事実があったとしても、それが原因のすべてではないわけです。

たとえば、

「給食のときにぃ……気持ちが悪くなってぇ……吐いちゃった……そしたらみんなに笑われて……」

という理由を言ったとします。

たしかに、子どもにとってみれば、それはショックな出来事だったでしょう。しかし、どうして、それだけのことで登校できない状態にならなければいけないのかわかりませんね。

おそらく、学校に行けなくなった理由を探して過去を振り返り、「そういえば、昨日あんなことがあった」ということを思い出して、そこに理由を求めたのです。

「そうだ。これが理由で、僕は学校に行けなくなったんだ」

と、自分に思い込ませようとしたわけです。

子どもに限らず、人は何らかの因果関係をつくって納得したいという気持ちを持っているものです。

つまり、過去というのは、文字通り過去であって、現在の状況から解釈したものにすぎません。現在の解釈の仕方でどうにでも変わってしまうものなのです。

というわけで、**アドラー心理学では、過去を問い、問題の原因を探ることに、大きな意味を見出していません。それよりも、これから先のことを考えます。**

子どもに「なぜ?」を言う代わりに、

「どうしたいの?」

「そうなるためには、どうしたらいいかしらね」

という問いかけをしてみてください。

これは、これから出発しようよ、ということですから、こんなふうに言われた子どもは、お母さんの言葉に励まされて、未来の自分像を描けるようになるのです。

「できたね」「よかったね」で、子どもの〝聞く心〟は育つ

「80点？　今度は100点ね」

⬅

「80点！　よかったね」

これまで70点が限度だった子どもが、初めて80点取ることができました。子どもは有頂天になって、早くお母さんに知らせようと意気込んで帰ってきました。

「お母さん、お母さん、今度のテスト、80点だったよ」

このとき、お母さんから、

「今度は100点ね」

「次は100点目指してがんばってね」

と言われてしまいました。子どもの心は急速にしぼんでしまうでしょう。

「80点もとったのに、一生懸命がんばったのに、お母さんは、ちっとも喜んでくれない。もういいや。お母さんにテストの話はもう絶対にしないから」

と考えてしまうようになります。そうなると、

「間違えたところをちゃんとチェックしなさいよ」

というお母さんの忠告など聞く耳を持たなくなります。それよりも、

「よかったね。一生懸命勉強していたものね」

と、一生懸命さを認めてあげれば、子どもはさらに一生懸命勉強しようという気持ちになれます。そして、

「同じ間違いをするのはつまらないから、見直しておくといいんじゃない」

というお母さんの言葉を素直に聞けるでしょう。

なぜ、「よかったね」がいいのでしょうか。それは、「よかったね」が人を肯定する言葉だからです。

アドラー博士は、否定的な言葉を避けたほうが相手がよく聞いてくれると言ってい

ます。

「今度は100点ね」という言葉は、80点を否定しているわけで、避けるのが賢いやり方です。

たとえば、知人のお嬢さんは英語が大好きで、ある留学コースのある高校に進学しました。初めて家族を離れての寮生活。慣れない生活以上につらかったのは、教師の言葉だったといいます。

留学に備えて、たびたび英語のテストがあったのですが、どれだけがんばって点数を上げても、というより、点数が上がれば上がるほど、「もっと、もっと」と、さらに上の点数を求められたというのです。今取れた成績を、その場で否定されてしまうわけです。

彼女は結局、留学に出発するその日まで、達成感を得ることができず、不安をたくさん抱えたまま海外へ飛び立っていきました。

私はテレビなどで、大関に昇進した力士が周囲の人々から「次は横綱を目指してほしい」と言われているのを聞くと、もう少しの間、「よかったね」と達成感にひたれる余裕を与えてあげればいいのにな、と思います。

それが次に飛躍しようという活力になるにちがいないからです。

「食事のときはちゃんと座っていなさい」
⇦
「今日は、5分、座っていられたね」

家族みんなでレストランに行ったとき、子どもの落ち着きのなさにとても恥ずかしい思いをした、という経験はありませんか。

テーブルに置いてある調味料のフタは全部あけて中身を確かめ、隣のテーブルの子どもの頭をつっつき、挙句にコップをひっくり返して水浸しにしてしまう……。

今度来るときまでに、食事中はおとなしく座っていられるようにしつけたい。そう思って、食事のたびに、

「食事のときぐらい、じっとしていなさい」

「静かにしていられないなら、もうご飯食べに連れて行ってあげないから」

と、口をすっぱくして言っても、言うことを聞いてくれません。

「ほんとにもう、ちっとも言うことを聞かないんだから」

ということになりがちです。

ところがこの場合、子どもが言うことを聞かないのではないのです。長時間静かにしていられるようになるには、コツがいるのです。

そのコツとは、できていないことを指摘してできるようにしようとするのではなく、少しでもできたことを見つけてあげることです。

たとえば、食事の時間が1時間だったとします。ある日の食事時、子どもは5分も座っていられなくて、うろうろし始めました。

「ちゃんと座っていなさい」

とお母さんに言われた子どもが、次の日、10分間だけ座っていたとします。10分後に立ち上がった子どもを見て、

「ちゃんと座っていなければダメだって昨日も言ったでしょ」

と言ってはいませんか？

子どもにしてみれば、座っていようと思って一生懸命だったのです。それなのに、また叱られてしまったわけです。

少しでも成長しているところを見つけてあげて、

「今日は昨日より長く座っていられたね」

と言ってみてはいかがでしょう。そうすれば、もう少しがんばってみようかな、という気持ちが起きて、次の日には座っていられる時間が15分に延びるかもしれません。

すると、20分、30分……と長くなっていって、1時間座っていられるようになります。

しかし、もし、1時間座っていられるようになるまで、

「もう、お前って子は、いくら言っても落ち着いて座っていられるようにはならないのね」

と言われ続けなければならないと思っていたら、おそらく永久に、座っていられるようにはならないでしょう。少しでもできるようになったところで、

「昨日より今日のほうがいいね」

と言ってあげることで、子どもはがんばる気持ちになれるのです。

そういう意味で、「話が聞ける子」は、育児や教育のなかで作られていくものだといえます。

「できたね」

と言われることで、自分に自信を持てるようになるからです。そういう自信を育ててあげることが大切なのです。

「確認しなきゃダメって言ったでしょ」

「これはケアレスミスだから、できたのと同じね」

子どもが持って帰ったテストを見たら、単純な計算ミスで答えを間違えているものばかり。そんなとき、惜しい、悔しい、と歯がゆいあまり、

「テストのときは、何回も確認しなさいって言っているでしょ」

「ここができていれば100点だったのに」

しまいには、

「それで、100点取った子は何人いたの?」

なんて言ってしまいがちです。

でも、ここでちょっと考え方を変えてみてください。ケアレスミスは、わかっているのに点数に結びつかなかったのです。まったくわからなくてできなかったというのよりよほどいいわけです。ですから、

「少し残念だったね。でも、この問題は不注意で間違えただけなんだから、ちゃんとできたのと同じだねえ」

と言ってみてはいかがでしょう。

人とは不思議なもので、確認しなきゃダメでしょと言われると、そのこと自体がプレッシャーになって、かえって間違えてしまうことがよくあるものです。みなさんにも同じような体験があるのではないでしょうか。

たとえば、同じ形の容器に入っている塩と砂糖。「右側が砂糖、右側が砂糖」と何回も確認したのに、つい左側の塩を入れてしまった、なんていうことがありませんか。

子どもを勉強好きの子どもにしたいというのであれば、

「ケアレスミスみたいなバカなことをしちゃダメよ」

「なんで、ここで20点も落とすの？」

と脅かすのは逆効果です。

脅かされれば、恐怖感や不安感が生まれます。そうすると、どうしても本当の実力を発揮することができません。

そこで、子どもには常に、

「いいんだ。自分のベストを尽くせば大丈夫だ」

と思わせておくことです。

第一、何でも一気に最高地点まで行くことは不可能です。今回20点引かれたケアレスミスにしても、前回は40点損をしていたのかもしれません。

ケアレスミスをゼロにして、１００点取ってほしいお母さんの気持ちはわかります。でも、決して「いつもケアレスミスばっかりしている」のではなく、少しずつでもゼロに近づいているわけです。

「この前は、40点も損しちゃったけど、今度は相当がんばったんだね。ずいぶん減ったじゃないの」

これを聞いた子どもは、自信を持って次のテストに臨みます。親が念を押さなくても、自分から進んでケアレスミスをなくそうとするでしょう。

テストを受けるのは子ども自身です。親は、過剰介入を慎むほうが伸びるものなのです。

同じ失敗を二度と繰り返さなくなる対応術

「(教室のガラスを割って)先生に迷惑をかけたんだから、早くあやまんなさい!」

⬅

「どこで遊べば、ガラスが割れずにすむかな?」

「悪いことをしたら素直にあやまりなさい!」

というしつけは、多くの家庭でされていることと思います。子どもはよく物を壊したり、飲み物をこぼしたり……と、さまざまな失敗や間違いを通して、成長していけます。

ところが、子育てに熱心なお母さんほど、子どもが失敗すると、ついカッとしてしまって、怒りを静めるために、まずあやまらせることに気持ちのすべてが行ってしまいがちです。

しかし、「あやまりなさい」と言われてあやまった子どもは、あやまっただけでことがすんだと思うので、同じ過ちを何度も繰り返すことになります。

お母さんがしなければいけないことは、同じ過ちを繰り返さないようにすることです。

そのために、私は、３つの手順があると考えています。ひとつ目は、失敗の結果起きてしまった事態をなるべく早く収拾すること。ふたつ目は、二度と過ちを繰り返さないためにはどうすればいいのかを考えさせることです。

そして、謝罪の言葉は３番目になります。この３つのことができて、初めて責任を取ったといえるわけです。

たとえば、校庭でキャッチボールをやっていて、ボールがそれて校長室のガラスを割ってしまったとします。

わざとやったのならともかく、たまたまの失敗だった場合、「あやまりなさい」と言われてあやまって、それで終わりだったら、また同じことを繰り返すことになります。

先ほど挙げた3つの順序に従うならば、目撃した担任の先生がまずやるべきことは、割れたガラスを片づけることです。

2番目は、今度したくなったら、どこでキャッチボールをやればガラスを割らずにすむかな、と聞いてあげることです。そうすれば、

「窓から離れた、あっちの鉄棒のほうでするよ」

「そうだね。あそこなら大丈夫だろう。だけど、鉄棒で遊んでいる子どもに気をつけるんだよ」

「わかった」

といった対話が成立します。

そして3番目。

「校長先生、びっくりしているよ。ガラスが割れて寒いかもしれないから、あやまりに行こうか」

「うん、行く」

「ひとりで行けるかい？　先生がついていったほうがいいかい？」

「ひとりで行ってくる」

「わかった。行っておいで」

といった具合になっていくわけです。こうした手順を踏めば、子どもはこちらの話を聞ける子どもになるのではないでしょうか。


「またお茶碗を割って！　ごめんなさいは？」

⇦

「お茶碗をどう持てば割らないですむと思う？」


何か注意をすると、すぐに「ごめんなさーい」「もうしません」と口ぐせのように言う子がいます。すぐに「ごめんなさい」とあやまってしまうから、親は叱れません。

ところが、これが次のような大事件にまで発展した例があります。

ガスが自動点火ではなく、マッチが必要だった時代がありました。子どもにとって、マッチで火をつけるのはとても面白いものです。危険を感じたお母さんは、

「お母さんがいないときはガスに火をつけないでね」

という約束をしました。しかし、子どもの旺盛な好奇心は、それをガマンすることができませんでした。

「しないって約束したでしょ」

「もうしない。ごめん」

といってその場を逃げ出した子どもに、お母さんは「しょうがないわね」としか言いませんでした。ところが、あるとき、火事になりました。冬になって葉が枯れた近所の原っぱに、ほんのいたずら心で火をつけてしまったのです。

火はあっという間に広がり、消防車を呼ぶ騒ぎになってしまいました。

これは、知人に聞いた本当の話です。

幸い大事には至らなかったものの、町内会の会長からこっぴどく叱られてしまったのです。「もうしない、ごめん」ですませるのではなく、火の怖さを教え、マッチの正しい使い方を教えてあげることが大事だったのでしょう。

「ごめんなさい」と言ってしまえば、無罪放免になる。そこで、「頭を下げさえすれば、それ以上は叱られない」と思った子どもは、習慣的に「ごめんなさい」を言うようになります。

お母さんがなぜ叱るのは聞かずに、「とりあえずあやまっておこう」というわけです。

しかし、たとえばお茶碗を割ってしまったようなとき、「もうしません。ごめんなさい」だけならば、また同じことを繰り返す恐れがあります。お茶碗の扱い方を知らないために割ってしまったからです。

いつも、子どもの「ごめんなさい」で無罪放免にしていたら、いずれ、おじいちゃんが大事にしている家宝を割ってしまうかもしれません。そうならないうちに、

「どうやったら、お茶碗が割れないと思う？」

と聞いて、扱い方を教えてあげることです。そういう意味で、失敗は何かを学ぶチャンスと捉えることが必要なのです。

いくら反省させても、何の効果もない理由

「いつも言ってるでしょ！　何度言ったらわかるの」
⇦「こうやって食べれば、音は出ないでしょ」

食事時です。食べ始めると同時に、お母さんの〝しつけ〟が始まりました。

「いつも言ってるでしょ。クチャクチャ音を立てて食べてはいけませんって」

「ごめんなさい」

子どもは、とりあえずあやまれば、お母さんが黙ってくれると思って、「ごめんなさい」を繰り返しています。

「ほらまたあ！　何度言ったらわかるの？」

「ごめんなさい」

そのうち、お母さんの矛先《ほこさき》は別のほうにも移っていきました。

「どうして、そうやってボロボロこぼすの？」

「ごめんなさい」

今度もまた、子どもは「ごめんなさい」と言うしかありません。


「いつも言っているでしょ！」

「何度言ったらわかるの！」

と叱るお母さんは多いようですが、この言葉は、この通り何の効果も上げられないでいます。お母さんのイライラが募るのもわかります。

子どもの側も、お母さんの言葉は右の耳から左の耳へ素通りしているだけ。少しも聞いていません。

「ごめんなさい」と反省しているように見えますが、単なる習慣になってしまっています。

それは、この場合もまた、子どもが過ちを正すためのいい方法を知らないからです。おそらく、子どもの困った行動の半分ぐらいは、ちゃんとしたやり方を知らないからだといっていいでしょう。

子どもだって、好んで怒られるようなことをしているのではないのです。できることなら、楽しくごはんを食べたいと思っているはずです。そこで繰り返しになりますが、注意してあやまらせて〝しつけ〟はおしまいと思わないことです。

「こうやって食べれば、音は出ないでしょ」

「お箸《はし》の持ち方は、こうやるのよ。そうすれば、小さいお豆も、大きいジャガイモも、ほら、上手にはさめるでしょ」

といった具合に、いい方法を伝授してあげてください。子どもは、なるほどと納得すれば、お母さんの言うことを必ず聞いてくれます。

かつて、ナイフを使って友だちを傷つけるという事件が起きたことがありました。そのとき、親も学校も「刃物追放運動」を起こしました。

しかし、子どもの筆箱からナイフを奪ったことで、子どもたちはナイフの正しい使い方を憶えるチャンスを失いました。

このとき、大人がやるべきことは、子どもからナイフを遠ざけることではなく、その正しい使い方を教えることだったのです。

子どもに刃物を持たせると危険だから持たせないようにしようというのであれば、家庭から包丁を追放しなければならなくなります。調理実習の授業もできなくなってしまうのではないでしょうか。

「よく反省して、これから気をつけようね」
⬅
「こうすれば、よくなるよ」

小学校のたいていのクラスでは、帰る前に「反省会」が行われます。

「中村君は、体育館の掃除のとき、マットをバタバタたたいたので、かえってほこりが立ってしまいました。やめてほしいと思います」

「加藤さんは、いつも机の中が散らかっています。不潔な感じがするのでやめてほしいと思います」

「山田君は私の背中をつっつくんです。こういうのはよくないことだと思います」

と、こんなふうです。最後に先生が、

「言われた人たち、わかったね。よく反省して、注意されないように気をつけようね」

と言って、反省会はようやく終わりました。

「反省会」というのは、このように、お互いに「やめてほしいこと」や「よくない行い」を羅列し合う会でもあるようです。それはそうです。だって、「反省会」は文字通り反省するための会なのですから。

しかし、毎日行われている「反省会」なのに、毎日、反省のタネが数多く出てきて尽きることがないのはどういうわけでしょうか。

みんなが楽しい学校生活を送るために、反省すべきところを反省して、同じ過ちを繰り返さないようにするのが反省会の目的ならば、反省しなければならないことはだんだん減っていくはずです。

お母さんたちも、子どもが失敗をしたとき、

「だから言ったでしょ。ぐずぐずしてると遅刻するわよって」

「少しは反省しているの？」

という声をかけてはいないでしょうか。

どうやら、反省させると、子どもは過ちを犯さない立派な人間になるという錯覚があるようです。しかし、反省させてもさせても同じようなことをしでかすのが子どもというものです。

同じことをしでかす理由は、ただひとつ、前にも述べたように、正しいやり方を知らないからなのです。いくら反省させても効果がないのです。

今ここで挙げた例でいえば、中村君は、ほこりが立たないような掃除の仕方を知らなかったのかもしれません。

「こうすれば、ほこりが立たないよ」と教えてあげる必要があります。加藤さんも、乱雑な机の中が気になってはいるものの、どうしたら整理できるのかがわからないのだという可能性があります。

そして、山田君は、友だちに何か用があってつっついたのかもしれないのです。その力がちょっと強かっただけなのかもしれません。

「用があるなら、もっとやさしく肩をたたいてね」

と言えばすむ話に思えます。

ぐずぐずしている子どもも、好きでぐずぐずしているわけではないでしょう。何から始めればいいのかがわからなくてぐずぐずしているのかもしれません。ちょっとアドバイスをしてあげればいいわけです。

不祥事が起きると反省の印として、すぐに辞職してしまう大人がいますが、それよりも、どうすればよかったのかを考え、処理能力を身につけるのが得策でしょう。

「片づけなさい！」と怒らずにすむ家庭のルール

「片づけなさい！　やらないと全部捨てちゃうからね」

↓

「（片づけのルールをつくって）ここに放っておくと物置に持っていくよ」

子どもがおもちゃを片づけなくて、困っている人は多いと思います。

あるお母さんは、とうとう堪忍袋の緒が切れて、「捨てちゃうよ」と言って、大きなゴミ袋におもちゃをポンポン放り込んでしまいました。

「今すぐ片づけるから」

「もう散らかしっぱなしにはしないのよ」

「わかった」

「今度やったら、ほんとに捨てちゃうからね」

あわてた子どもと、こんなやりとりが展開されるはずでした。

ところが、お母さんがおもちゃをゴミ袋に入れるのを、子どもは平然と見ているのです。ちっとも片づけようとはしません。お母さんは引っ込みがつかなくなり、困ってしまいました。

親としてはそれなりに高価なおもちゃもありますから、本当に捨ててしまうわけにはいきません。子どもは、そのあたりの親の本音がわかっていたのかもしれません。

こういうときは、あらかじめ子どもとの間に片づけのルールをつくるとうまくいきます。

「自分の部屋ならいくら散らかしてもかまわないけれど、みんなが集まるリビングに散らかさないこと」

まず、プライベートな場所とパブリックスペースを分けることを教えます。

「この部屋はみんなの部屋だから、そのへんに物を置いたら迷惑だし、お客さんが来ることもあるから、きれいにしておきたいでしょ」

ということになれば、子どもは、散らかしたおもちゃをどうされようとも文句は言えなくなります。そのうえで、

「散らかしたおもちゃは物置に置いておく」

と、子どもの見えない場所に持って行くというルールを決めるのです。本当に捨てなくても、子どもが取りに行くのに不便なところに移動させるというのがミソです。

同じように、物置に置いておくにしても、ルールにのっとってやるのと、そうでないのとでは、子どもの受け止め方に大きな違いが出てきます。親の言い分を納得して聞くことができます。親も、

「いつも散らかしてるじゃない！　これは罰よ」

などと叱らずにすみます。

「残念だったね。ルールに従っただけよ」

と言うだけでいいのですから、ずいぶん気が楽になるのではないでしょうか。

「ダラダラ食べるんだったら片づけるよ！」

⇦

「（食事のルールをつくって）7時半になったらごはんを下げてもいいかな」

「どうして、ごはんの途中で本を読み始めるの？　ダラダラ食べているなら、ごはん片づけちゃうよ」

「わかった」

「わかったって、何がわかったの？　まったく聞いてないんだから！」

今日も、こんなふうに親子ゲンカが始まりました。本が好きな子どもであることはうれしいのですが、ごはんのときぐらいは、食べることに専念してほしいのがお母さんの気持ちです。

でも、「片づけちゃうよ」とは言っても、ごはんをちゃんと食べないと体に悪いのではないかと考えたお母さんは、なかなか捨てることができません。

結局、子どもが食べ終わるまで待つことになります。つまり、ダラダラ食べることを認めてしまうわけです。

「言うことを聞かないんだから」

と言ってみても、捨てられてしまうと思っていない子どもは、早く食べなければ、と思ってくれないのです。

こういうときも、ルールをつくっておくとうまくいきます。

「うちの夕飯の時間は7時だから、7時半になったら片づけたいんだけど、それでいい?」

「いいよ」

こうしたルールをつくり、つくったら断固守らせることです。

「7時半になったよ」

「ちょっと待って」

「決まりは守ろうね。はい、ごはんとはさよならね」

といった具合。子どもはやがて、おなかがすくでしょう。

「お母さん、おなかすいた」

「7時半までに食べなかったからね。時間切れだものね」

すましてこういう返事をしておけば、子どもは翌日から、ルールを守るはずです。言うことを聞かないといってストレスを感じる必要はまったくなくなるのです。

しかし、本当は、みんなで楽しく、笑いのある食事をする習慣がついているほうがいいと思います。食事のときに本を読んだり、テレビを見たりしてしまうのは、ごはんの時間が楽しくないのかもしれません。

もしかしたら、お父さんも、新聞片手にお箸を握ってはいませんか。新聞は大きいから顔がまったく見えなくなって、お父さんがどんな顔でごはんを食べているのかわかりません。まるで目の前にカーテンがあるみたいです。

もし、お子さんがルールを決めるのはまだ早いという年齢ならば、今のうちです。食事の時間にたくさん笑わせてあげてください。徹底的に甘やかしてあげてください。

こうして、食事の時間は楽しいもの、お母さんとのおしゃべりは楽しいものだということが、しっかりとインプットされていれば、些細なことでルールをつくる必要もなくなるかもしれません。

やる気にさせるには、「まだ〜」より「もう〜」を使う

「まだ終わらないの？」
⬇
「もう終わった？」

みなさんに質問です。

「お母さん、ごはん、まだ？」

と言われるのと、

「お母さん、ごはん、もうできた？」

と言われるのとでは、どちらが食事をつくる気になりますか？

「もうできた？」と言われたほうが、「もうすぐよ、待っててね」と気分よくやれる

のではないでしょうか。

話題が一転して、尾篭《びろう》な話で恐縮ですが、知人にトイレ時間が長い人がいます。あるとき、彼がこんなことを言って首をかしげていました。

「私がトイレに入っていると、待ちきれなくなったふたりの娘が代わるがわる声をかけてくるんです。

そのとき、ひとりは、『お父さん、まだあ？』って言います。そして、もうひとりは『お父さん、もう出る？』って言うんですよね。同じように出てほしいっていう意味なのに、『もう出る？』って言われたほうが気分がいいんです。これはなぜなんでしょうね」

これは、私に言わせれば当然の受け止め方です。

なぜなら、「もう」は肯定語であって、「まだ」は否定語だからです。

つまり、「まだ」に続く言葉は、「まだ出ないの」と、すぐに出てほしいという要求であるわけです。

それに比べて「もう」には、「もう少し入っているの？」と、入っている可能性を認めるニュアンスがあるわけですね。

これは、入っていることを否定していることになりません。

これを子どもに当てはめて考えてみましょう。たとえば、

「まだ宿題終わらないの？」

「もう宿題終わった？」

というふたつの言い方を比べてみます。

この場合、「まだ」には「終わらないの？」という否定の言葉が続いています。そして、「まだやっていないじゃないの」という、全面的に否定されるようなニュアンスがあります。

しかし、「もう」には「終わった？」という肯定語が続くうえ、宿題が終わっていない場合でも、「もう少しやったほうがいいんじゃない？」というニュアンスが伝わります。

したがって、もし全然やっていなかったとしても、「もう」と言われれば、その言葉を素直に聞いて、見ていたテレビも自分から区切りをつけてくれるはずです。

無益な親子ゲンカを避けるためにも、「もう」の効果は大きいのです。

「まだ食べ終わらないの?」は、「もう食べ終わった?」に、「まだ支度ができないの?」は、「もう支度できた?」にと、ちょっと変えてみてください。その効果は抜群だと思います。

自分から外で遊びたくなる誘導法

「いつまでもテレビを見ているんじゃないの」
⇦
「野球が好きなんだね。じゃ、お父さんとキャッチボールやる？」

「いつまでもテレビばかり見ないで、外で遊びなさい！」

こう言うと、子どもはしぶしぶテレビを見るのをやめるかもしれませんが、自分から外で遊びたいという気にはなれないものです。

たとえば、野球中継を夢中になって見ている子であれば、それに関係したことを提案してみるとどうでしょう。自分が好きなことに関係があれば、こちらの話を聞く姿勢ができて、やってみようかな、という気になるかもしれません。

私は、基本的に、テレビにばかり夢中になる子どもはいないと思っています。最近の子どもは外遊びが嫌いだといいますが、やはり、今も昔も体を動かすのが好きなようです。元気に遊んで、汗を流して帰ってきたら、バタンキューと寝てしまうのが子どもなのです。

しかし、子どもを取り巻く環境は変わりました。こうしたバタンキューと寝てしまうような体験は一人ではできないからです。

いつのころからか、子ども同士が遊ぶ約束をするとき、「今日は遊べる？」というようになったことに象徴されるように、遊ぶ相手を見つけるのが大変なのです。

これでは、汗を流して遊ぶことなどできません。一人で竹とんぼを回してみても面白くありませんよね。

結局、相手をしてくれるのはテレビやゲームだけということになります。いってみれば、子どもにとってテレビは代替品にすぎず、なかで演じられる野球やサッカーに自分を投影しているのでしょう。

そこで、親はときどきでもいいですから、上手に戸外に連れ出してみてください。

テレビの世界から離れて、現実世界に近づけてあげると、おいしい空気を吸ったり、空を飛ぶ小鳥の姿を見たりして、子どもの世界は大きく広がっていきます。

虫に刺されたりハチに襲われたりすれば、テレビの中ではきれいに見える自然の厳しさも知るでしょう。

「今度の夏休みには、海水浴に行きたいなぁ」

「山登りもいいね」

と、楽しみはどんどん広がっていくはずです。

遠くに出かけるのがムリならば、ジョギングでもいいのです。

「こんなところに新しい店がオープンしたんだね」

「しゃれた店だね。休みのときに来てみようか。ランチなら安いんじゃないかな」

「あそこに新しい家が建ったね」

「子ども、いるのかな」

こんなふうに、親子でいろいろ発見していけば、地域のつながりが希薄になったといわれる昨今、地域に関心を持つきっかけになるはずです。

子どもの困った行動には「Iメッセージ」が効果的

「そんなことを言ってはいけません！」
⇦
「あなたはそう思ったんだね。お母さんはそう思わないな」

ピアノの発表会など、大勢の子どもやお母さんが集まっている衆人環視のもとで、子どもが突然、

「みんなヘタばっかりね！」

と大声で口走ってしまったら、お母さんはもうパニック。

「そんなことを言っちゃいけません」

「すみません。思ったことを何でもはっきり言う子で……」

と、しどろもどろで、「思ったことを」なんて、ヘタだと自分も認めるようなことを言ってしまいます。

こういう場面で二度と失礼なことを言わないようにするには、どうすればいいでしょうか。

「言ってはいけません」と叱ると、思ったことを言うこと自体を禁止されたと、子どもは考えます。

そうすると、意見を言うべきときに何も言わなくなってしまう恐れがあります。

一番大事なことは、子どもが思ったことを全面的に否定してしまわないことです。

「ヘタだ」と思うことは決して悪いことではないのです。いけないのは、こちらが、それを事実として受け止めて、慌てて禁止しようとすることなのです。

つまり、お母さんがすぐにやらなければいけないことは、

「お前はヘタだと思ったのね」

と、子どもの発言を、ひとつの意見として受け入れることです。そして次に、

「お前はそう思ったかもしれないけど、お母さんはそうは思わないな。練習のときよ

り、今日のほうがよかったと思うよ。お母さんは本番に強いんだなと思って聞いていたんだけどね」

と言えば、子どもの意見とお母さんの意見のぶつかり合い、すなわち対話が成立します。

「ヘタかヘタではないか」は、個人個人の見解の相違ということになれば、「ヘタね」という発言は、意見であって、事実ではなくなっていくわけです。

子どもは、意見を言うことを封鎖されたわけではないから、必要なときにはきちんと意見を言える子どもでいられるにちがいありません。

序章で紹介したIメッセージとYOUメッセージの違いを思い出してみてください。それは、

「あの子はピアノがヘタだね」

「ぼくは、あの子のピアノはヘタだと思う」

の違いです。いうまでもなく、前者がYOUメッセージで、後者がIメッセージです。YOUメッセージは事実に聞こえ、Iメッセージは意見になっていますね。

もちろん、あとで落ち着いてから、

「もし本当にヘタだと思ったとしても、お母さんたちの前で言うのはどうかなあ」

と、エチケットとして話し合う必要はあります。

その場合でも、意見を言うことを禁止されたのではないので、お母さんの話を聞いて納得するにちがいありません。


「あいさつしなければおじさんに失礼でしょ」

⇦

「あいさつしないわけはわかったけど、お母さんはしてほしいな」


「ほら、あいさつしなさい!」

「いつも言っているでしょ!」

お客さまが来たというのに、子どもが不機嫌な顔をして立っていると、お母さんは困ってしまいます。客の前で「ごあいさつは?」と頭を押さえつけると、あいさつのしつけができていないことを露呈しているようで、なおのこと恥ずかしい……。

しかし、子どもにそれなりの理由があるのであれば、まず聞いてあげることが必要です。

「だって、あのおじさんが来ると、お母さんのごはんがなくなっちゃうんだもの」

いつも親戚が食事時に突然訪問し、母親のぶんを食べてしまうことに反感を覚えていたのです。でも、お母さんとしては、それでも「おじさんに失礼でしょ」と言いたくなる気持ちをぐっとこらえます。そこで、先ほどのIメッセージが役に立ちます。

「そうか、それであいさつしたくなかったのね。わかったよ」

といったんは受け入れておいて、そこでお母さんの考え方を言えばいいわけです。

「お母さんのことを思ってくれる気持ちはわかった。でも、お母さんはそういうのには賛成できないな。ほかに食べるものがないわけではないし、おじさんが来てくれるのはうれしいのよね。だからお母さんは挨拶しているのよ。だから、あなたもしてくれるとうれしいな」

と言えば、ここでも意見と意見の交換になり、お互いの意見を尊重した対話になることでしょう。もし、それでも挨拶したくないと言い張るなら、

「わかった。でも、それだとおじさんに嫌われたままだね。もし、これが学校の先生だったら、先生に嫌われるし、お友だちには変な子って思われるかもしれないね。だけど、それはあなたの責任よ」

と言っておけば、そこで自己責任の重さも理解できるでしょう。

「なぜ挨拶しなくちゃいけないかっていうとね、それは、人としての礼儀だからよ」

「本当にわかんないのかな？」

子どもが明らかに屁《へ》理屈だと思える理屈をこねることがあります。たとえば、先ほどの挨拶の問題にしても、

「だって、知らないおじさんに、どうして挨拶しなければいけないのかわからなかったんだもの」

と、屁理屈をこねてきたとします。こういうとき、お母さんがいきり立ったら、お

母さんの負けです。そういうときは、簡単に、こう言えばいいのです。

「本当にわかんないのかな?」

子どもは本当はわかっているのです。

「それは人としての礼儀よ」などと言えば、

「それって、誰が決めたの?」なんていう反論をしかけてくるでしょう。

もしかしたら、肩透かしを食った子どもは、「本当にわかんない」と答えるかもしれません。そしたら、

「よく考えて。それでもわかんなかったら、もう一回言って」

こんなふうに軽くいなしておけば、それで乗りきることができます。

同じやりとりを何回か繰り返すうちに、子どもも面倒くさくなって、「もういい、わかった」となるからです。

世の中には、このように理屈ではなく、「いけないものはいけない」ということがたくさんあります。

「なぜ人を殺してはいけないのか」というテーマが話題を呼んだことがありますが、

理屈で考えて答えられることではありません。ひとたび戦争にでもなれば、人を殺すことが正義になることもあるのですから。

つまり、簡単に答えられる問題ではないのです。

もちろん、子どもの真剣な問いには、こちらも真剣に答えなければいけません。しかし、人生の疑問を投げかけてくることなど、そう多くはありません。

そして、子どもが「なぜ?」と屁理屈をこねてくるときは、その質問の答えを聞きたがっているのではなく、じつは子どもがお母さんに相手をしてもらいたがっている場合も多いのです。

その場合、どう説得しようかと一生懸命考えることよりも、そうした寂しい気持ちに寄り添ってあげることが大切です。

「相手の気持ちを考えろ」と諭すより、心に響く伝え方

「死ねって言われたら、どんな気持ちがすると思う?」
⬅
「どんなふうに言ったら相手は喜ぶかな?」

「死ね!」

「ウザイんだよ」

「あっちへ行けよ。目障《ざわ》りだな」

子どもは、ときに残酷な言動をすることがあります。まだ未熟なので、相手の気持ちを推《お》し量《はか》ることができないのです。

あるお母さんは、お兄ちゃんが妹に「死ね!」と言っているのを聞いて、注意しま

した。

「死ね！　なんて言っちゃいけません。もし同じことを言われたらどんな気持ちがすると思う？　想像してごらん」


子どもが罵詈雑言《ばりぞうごん》を吐いたとき、「相手の気持ちを考えろ」という叱り方をする人は多いようですが、残念ながら、こうした声は子どもの耳に届きません。

なぜならば、死ね！　と言ってはいけないと身にしみたとしても、

「じゃあ、言わなければいいのか」

ということになって、子どもはほかに言うべき言葉を見つけることができないからです。子どもに残るのは、反省ではなく、叱られたという事実だけです。

私だったら、話の〝ネガティブ〟な部分ではなくて、〝ポジティブ〟の部分を取り上げます。

「どんなふうに言ったら相手はうれしがるかなあ」

と、相手が喜ぶ言い方を工夫しようよ、と提案をするのです。

親や教師がすべきことは、子ども同士が仲良く、楽しく過ごすためにはどういうコミュニケーションをするのがいいのかと考えることです。

それによって、子どもを取り巻く環境が平和になれば、いじめや不登校の問題も、なくなるにちがいありません。

子どもが暴言を吐くときは、深い意味があって言っているとは限りません。ちょっとした働きかけで解決することも多いものです。

ある教師は、子ども同士の関係の悪さに悩んだとき、お互いの「いいところ探し」をして上手に切り抜けたといいます。

相手のいいところを発見し、自分のいいところを指摘された子どもたちは、しきりにテレながらも、うれしそうに目を輝かせたそうです。

わからない子には「わかるレベル」の話に言い換える

「乱暴にさわらないで！」
⬅
「なでなでしようね」

子どもが自分で納得して親の言うことを聞くには、**親自身が「わかりやすい言葉」で話す必要があります。**

たとえば、「ウソをついちゃいけません」「いい子にしてなさい」「乱暴はやめなさい」「やさしくしなさい」……。

これらは子どもを叱るときによく使われる言葉ですが、じつは子どもには「わかりにくい言葉」なのです。

「ウソつきは泥棒の始まりっていう言葉もあるの。ウソをついてはいけませんよ」

「うん、わかった」

子どもはお母さんの説教がダラダラと続くのがイヤなので、「わかった」と言って遊びに行ってしまいます。

でも、小学校低学年ぐらいだと、何を指してウソというのかがよくわかっていません。だから、たびたびウソをついて叱られることになります。

あるいは逆に、「空を飛んだ」とか、「月にはウサギがいてね」などということまでウソになってしまって、空想の世界に遊ぶことができなくなってしまいます。

そこで、子どもにウソをついてほしくなかったら、具体的な場面で、ウソとはなんぞやということを教えてあげる必要があります。

「冷蔵庫の中にあるアイスクリームが1個足りないんだけど、食べた？」

「食べてないよ」

「そう？　だけど、さっき見たときはあったのよ。お母さんは食べてないんだから、ほかに食べる人はいないと思うんだけどな」

「……」

「そういうのをウソっていうのよ。それはよくないことだから、ウソはやめようね。食べたら、食べたって言えばいいんだからね」

という具合に、ウソをつくということの意味を教えてあげたほうが、子どもはお母さんの言うことを「聞く」ようになります。

同じ意味で**「いい子」「明るい子」「やさしい子」などという言い方も、子どもには理解できない**と思ったほうがよさそうです。

「この間、お友だちが白いクレヨン使っちゃって困っていたとき、自分のを貸してあげられたね。そうやって、困っている友だちを助けてあげられる子を、やさしい子っていうんだよ」

と言ったほうが、子どもは「やさしい子」のイメージをつかむことができて、本当に「やさしい子」になれるのです。

あるいは、ケンカをしているのを仲裁しようとして、お母さんたちがよく言うのが、「仲良くしなきゃダメでしょ」

という言葉です。

これも、子どもは仲良くするにはどうしたらいいのかがわかっていないのですから、言っても無意味です。

「どうやったら、おもちゃの取り合いをしなくてすむかなあ」

「貸してって言ってみたらいいんじゃない」

「貸してって頼める？」

などと、仲良くできる方法を、具体的に提案してあげる必要があるわけです。

そして、

「この間、ヒロシ君と、なんだか楽しそうにおしゃべりしていたね。お母さん、ふたりは仲がいいんだなと思ったよ。仲良くするって、そういうことをいうんだよね」

と、「仲良くすること」とはどういうことなのかを教えます。

ペットを乱暴に扱っている場合なら、

「やさしくしなければダメでしょ」ではなく、

「なでなでしてあげようね」に変えてみましょう。

「乱暴してはいけません」ではなく、

「さっき、友だちの髪の毛を引っ張っていたでしょ。ああいうのを乱暴っていうんだよ」

と、**具体的なイメージを伝えることです。**

そういう意味で、学校の教室によく書いてある「思いやりのある人間になりましょう」「美しい心を持ちましょう」も、子どもの理解を超えているかもしれません。

また、子どもが理解できる言葉で具体的に話すということは、**話す側の語彙《ごい》をイヤでも増やすという効用があります。**

親の豊かな言葉の表現力とともに、子どもの聞く力は育っていくのです。

第3章

子どもの素直な心をひらく「親子関係」のつくり方

Magical Words for Raising Children
with True Listening Skills from Dr. Adler

「聞く耳を持つ・閉ざす」という言葉があるように、いくら子どもの興味をひく話をしたり、わかりやすい話をしても、子どもの心（聞く耳）がひらいていなければ、親の言葉は届きません。

では、どうすれば、素直に耳を傾ける心を引き出せるのでしょうか。それには、コミュニケーションのベースとなっている親子関係が大切なのです。

「いい関係」が「いい聞き方」をつくる

前の章では、「こんなひと言で、みるみる子どもは〝聞く気〟になる」というコミュニケーション・スキルを取り上げました。ちょっと言葉を変えるだけで、その後の会話の展開が驚くほど変わり始めることを実感していただけると思います。

この章では、このスキルの前に、ベースとなる「関係」に注目していきましょう。序章でも少しふれましたが、同じひと言でも、相手との関係によって、受け取り方は大きく違ってきます。

同じ「勉強しなさい」いうお母さんでも、ふだん子どもとの関係がよければ、子どもは素直に言うことを聞けるでしょう。一方、関係が悪ければ、「うるさいなあ」と、対応はネガティブなものになってしまうわけです。

会話の前に、まず親子の間に「信頼関係」やお互いを支えあう関係ができているかどうか――。いい親子関係が、いいコミュニケーションをつくるのです。

子どもが学校から帰ってきました。

「ねえ、お母さん、○○ちゃんのところで犬の赤ちゃんが生まれたんだって。4匹だって。もらってくれる人を探しているんだって。うちで飼ってもいいよね？」

犬の赤ちゃんが生まれたなんて、子どもにとっては大事件です。早くも我が家に可愛い子犬を迎えたときのことを考えてワクワクする気持ちは、抑えようとしたって抑えることができません。お父さんといっしょに犬小屋をつくって、あそこに置いて、「それからそれから……」と、思いはどんどん広がっています。

前に「飼いたいね」と家族で言い合ったことを思い出していますから、お母さんが反対するなどとは夢にも思っていません。

ところが、子どもにそう言われたお母さんは、パートの仕事から帰ってきたばかりで疲れていました。とくに、今日はトラブル続きで、売上高と現金が合わなくて、損失を出してしまいました。お母さんの頭は「どうして合わなかったのかしら」と、そのことでいっぱいです。

おまけに、夕飯の支度も急がなければいけません。犬を飼うことなど考える余裕がないお母さんは、つい、

「そんなことよりも、宿題はやったの？　早くすませてしまいなさい」

と言ってしまいました。

子どものワクワク感はいっぺんにしぼんでしまいました。

お母さんは、えてして、そのときそのときの感情で子どもを振り回してしまいがちです。

子どもの意見を聞かないで、親の思うとおりにしようとする気持ちが、心のどこかにあるのかもしれません。

したがって、「宿題をやりなさい」「勉強しなさい」と言うときにしても、必ずしもそうしてほしくて言っているのではないことがあります。

勉強していれば、おとなしくしているから、親はラクをしたいために、子どもを勉

強へと追いやっているわけです。

この場合にしても、お母さんは仕事のことで頭がいっぱい。本音をいうと、子どものおしゃべりがうるさくてたまらなかったのです。とりあえず子どものおしゃべりから逃れたいという気持ちが、「宿題は?」という言葉になってしまったのです。

こうしたお母さんの気持ちが子どもにわかってしまったら、子どもは、素直にお母さんの言うことを聞く気持ちにはなれません。お母さんが聞いてくれなければ、

「ぼくだって、お母さんの言うことなんか聞くもんか」

という気持ちになってしまうでしょう。

もし、今は聞ける状態にないというのであれば、

「ごめんね。お母さん、ちょっと困ったことがあって、今はそれを解決しなければいけないの。あなたの話は、少しあとにしてくれないかしら」

と正直に言ったほうがいいと思います。

そうすれば、お母さんと「いい関係」を保つことができます。「聞く」には、まず「いい関係」をつくることが大切なのです。

「タテの関係」より「ヨコの関係」で子どものやる気は育つ

病院で働いている人が、ときどき不思議な親子が来院すると話していました。診察を受けるとき、しゃべるのは親ばかり、子どもはひと言も話をしないというのです。それも、70歳過ぎのお母さんに40歳の息子という例がとても多いのですと、彼女はあきれ顔でした。おそらく、言葉をしゃべれない赤ちゃんのときの状態をそのまま何十年も維持してきた結果なのでしょう。

私のところにも時折、言葉の遅れを心配したお母さんが来られることがあります。もちろん、難聴とか知的障害など、何らかの理由がある場合もあります。

しかし、お母さんの面倒見がよすぎて、子どもは、言葉を発する必要がないからしゃべらないという例も多いようです。

「転ばぬ先の杖」という言葉があります。転ばないように転ばないようにと、先回りして杖を用意しておくことをいいます。

たしかに、子どもに、つい、転ばぬ先の杖を差し出して手助けしてしまうのは、親の愛情からです。親の身になってみれば、子どもがかわいいからこそ、手厚く守ってあげたい。「こうしたらいいよ」「こうすれば間違いないよ」と、いろいろ手助けをします。

でも、そこには「子どもを思うようにしたい。してもいいんだ」という親のエゴが、見え隠れしているように思います。

「お母さんが言うとおりにしなさい」

「お母さんのやることに、子どもは黙って従いなさい」

と、どこかで子どもに伝えてしまっているわけです。

「だって、まだ自分では何も決められないに決まっています」

と思われるかもしれませんが、転ぶのもまた、その子の大事な人生経験です。

何でも親がガードしていると、転んでも起き上がる方法を自分で学ぶチャンスを失います。すると、ちょっとしたことでつまずいたり、傷つきやすくなります。

いたずらに杖を差し出すことと、かわいがるのとでは大きな違いがあるのです。

そこで、親自身が子どもに「聞く」必要があるのです。何か手助けしてあげたいときは、子どもに、「してほしいかい?」と聞いてみてください。

「やってほしい」と言われて助けてあげるのであれば、過保護とはいいません。過保護とは、親が心配して先回りをして、全部やってあげてしまうことです。

なぜ、過保護が問題なのでしょうか。それは、そこに子どもだから守ってあげなければいけないという、一種の「縦の関係」が生まれてしまうからです。

親が子を支配し、コントロールするという「縦の関係」では、

「お母さんに言われたからやる」

「お母さんが怖いからやる」

となって、子ども自身のやる気を伸ばせません。

アドラー心理学では、たとえ相手が子どもであっても、互いに尊敬し、信頼するという「横の関係」を重視します。

お互いに対等な「横の関係」ができてこそ、お母さんの言葉が心に響き、自分から「やろう」「次はこうしよう」とやる気になれるのです。

そこで、つねに子どもは別の人間なんだという認識をしておくことです。

「どうしてもらいたいの？」

「こうしてあげたいと思うんだけど、どうかしら」

という具合に話を持っていけば、子どもは、お母さんの意見をよく聞き、それを受けて、自分がどうしてほしいのかを考えます。

自分の頭で考え、はっきり自分の意思を表明できるように成長していけるのです。

こんな手助けで、親子関係は変わりだす

子どもと「横の関係」を築くには、親が何でも先回りせず、子どものことを全部やってあげようとしないこと。何かしてあげたければ、どうしてほしいか聞いて、子ども自身に考えさせること——。

こうしたコミュニケーションは、子どもが困っていたら、ついどうにかしてあげたくなる愛情深いお母さんには難しいことかもしれません。

しかし、コツがわかると、子どもは変わり始め、子育てはぐっとラクになります。

たとえば、毎朝、子どもを起こすのが一日の仕事始めになっているお母さんが多いようです。

「7時よ。起きなさい」

「……」

「起きないと布団《ふとん》をはがすわよ」

「……」

「ほらほら、起きて」

とムリヤリ起こした子どもを座らせ、ぐだぐだしている子どものパジャマを脱がせ、ズボンをはかせ、シャツのボタンを止めて、といった具合に面倒を見る。お母さんは、朝ごはんを食べさせて家を出さなければと必死です。

多くの家庭で繰り広げられている光景ですが、朝起きない子どもに言うといいのは、「起きなさい」ではありません。

「起こしてほしいの?」

と、してほしいのかどうかを確認することです。そうでないと、お母さんがたまたま起こすのを忘れたときに、

「お母さんが起こしてくれなかったから遅刻した」

と、お母さんに責任を転嫁することになります。ですから、子どもの意思を確認し

て、「起こしてほしい」ということになったときに起こしてあげればいいのです。

「ひとりでは起きられないから起こしてほしいんだけど」

「わかった。どうやって起こす？」

「ドアの外で起きなさいって言って」

「それでも起きなかったら、放っておいていい？」

「そしたら、入ってきて、耳元で大きな声で言って」

「それでもダメだったら？」

「布団をはがしてもいいよ」

「わかった。起きるまでやるってことね。最後は水をぶっかけるけど、それでもいい？」


子どもの意思を尊重すれば、たちまち、これだけの会話ができて、約束事が成立します。もし、ここで、「自分で起きる」と言うのであれば、お母さんはムリに起こしに行かないことです。

子どもは当然遅刻しますが、それは起こさなかったお母さんの責任ではなく、自分で起きると言いながら起きられなかった自分の責任です。

「遅刻しちゃって大丈夫かしら」とハラハラするかもしれませんが、お母さんのフォローは、慌てて出かけて行った子どもが帰ってきたときに始めればいいでしょう。

「どうだった？　先生に怒られなかった？」

「怒られた」

「どうする？　明日の朝は起こしたほうがいいの？」

「大丈夫。夜もっと早く寝るから。明日こそ自分で起きる」

「そう。じゃ、起こさないからね」

こうすれば、子どもは「お母さんが起こしてくれるものだ」ではなく、自分の意思で、「明日こそきちんと起きよう」という気になるでしょう。

いかがですか。もう明日から「起きなさい、起きなさい」とがんばる必要はないし、「お母さん、なんで起こしてくれなかったの？」と子どもに責められることもありません。

「横の関係」をつくって初めて子どものやる気を育て、成長を助けられるのです。

何を聞いても「べつに」「わかんない」しか言わない子の本音

「子どもに何を聞いても、『わかんない』という返事しか返ってこないのです」

と嘆くお母さんたちに聞いてみると、

「どんなことがしたいの？」

「今日、学校でどうだった？」

などという、返事のしようがない聞き方をしていることが多いものです。

私なども、育児相談を受けたとき、「君のお父さん、どんな人？」とたずねると、たいてい「わかんない」とか、「べつに」とか、「関係ない」などという答えが返ってきます。そういうときには、

「会社へ行っているのかい？」

「どんな仕事をしてるの？」

といった具合に、子どもが答えやすい、あるいは、子どもが答えざるを得ないような質問の仕方をしていきます。

「お父さんに通知票は見せたのかい？」

「まだ」

「なんで？」

「お父さん、怒るから」

「フーン、お父さんって、けっこう厳しい人なのかなぁ」

「殴ることもあるし。だからお父さん嫌い」

「でも、たまにはどこかへ連れて行ってくれることだってあるんじゃないかな」

「ずっと前だけど、プールに行ったことはある」

「プールで何をやったの？」

「息継ぎをちょっと教えてくれた。あと、終わってから焼きそば食べた」

といった会話ができ、話を長続きさせることができます。それがお父さんとの関係

を修復するきっかけになることもあるでしょう。同様に、

「今度の担任の先生、どんな人？」

と聞くよりも、

「今度の先生は、歌がうまいのかな」

と、具体的な話題に持っていくほうが、子どもは話しやすくなります。

ただし、**子どもが「わかんない」というとき、それが「答えたくない」という隠れたNOのサインである場合があります。**そんなときに、

「何言ってるの？　わからないわけがないでしょ」

と言うと、子どもを追い詰めることになり、子どもは貝のように口を閉ざしてしまうことになります。

子どもは、無意識的に「わかんない」という言葉で自分を守っているのです。そういうときには、「そうか、わかんないんだ」と、いったん退くといいでしょう。

「追えば逃げる、逃げれば追ってくる」という恋の原則は、親子関係にも通用します。退けば、子どもの口もほぐれてくるのです。

子どもとの「距離」が縮まる小さなきっかけ

人の話に耳を傾けようという気持ちになるときは、まず、その対象に対する興味を持つことが不可欠です。

興味が持てないときは、相手の言うことは単なる音と化して、脳にまで届くことがないのです。

たとえば、「ゲームばかりして勉強しない子」の接し方について考えてみましょう。

ゲームが好きな子どもを持つお母さんは、たいていの場合、子どもからゲームを取り上げようとします。それで勉強がおろそかになったり、外遊びをしなくなったりすることが心配で仕方がないのでしょう。

たしかに、ゲームに夢中であることで勉強がおろそかになることはあります。一日中やっていれば、宿題をやる時間はなくなるにちがいありません。

しかし、勉強がおろそかになるからと、ゲームを取り上げたとしても、それで勉強をするようになるかといえば、それは残念ながらないのが普通です。

むしろ、それを取り上げるのではなく、お母さん自身が興味を持ってしまうといいのです。

親が子どものものを取り上げようとする「縦の関係」から、お互い共通の話題を持つという「横の関係」にシフトするわけです。

子どもは、お母さんが関心を示してくれたのがうれしくて、一生懸命にゲームの話をするでしょうし、初心者のお母さんにいろいろと教えてくれようとするでしょう。それがお母さんの話に耳を傾けるきっかけになることも多いのです。

ゲームも捨てたものではなく、なかには、思わぬ知識につながることもあります。

私が以前つきあった子どもは『三国志』のゲームをやっていて、中国の歴史に興味を持ち、本の『三国志』を読破しました。もちろん、それが目的でゲームをやらせようというのでは本末転倒であり、誰もがそうなるとは限りません。

しかし、**子どもが興味を持っていることにこちらも興味を示せば、それが子どもがこちらの話を聞けるようになるきっかけになります。**

子どもが興味を持っていることを知るためには、ふだんから子どもの行動をよく観察する必要があることは言うまでもありません。

同じように、恐竜が好きな子なら、それを話題にしてみます。

「この間、百科事典を見ていたら、偶然、恐竜の絵が描いてあるのを見つけてね」

「お母さんも恐竜好きだっけ」

「好きっていうわけではなかったんだけどね。その絵がね、昔、子どものころに見た絵とだいぶ違っているのね。だから、どうしてかなって思って」

「昔の絵って?」

「おばあちゃんちにあったでしょ。気がつかなかった?　あの本ではね、恐竜がしっぽを支えにして立っているみたいに描いてあってね」

「違うよ。尻尾はね、まっすぐ横になっているんだよ。ほら、この本見て」

「そうなんだ。昔の学者が勘違いしてたのかなあ」

「きっとそうだよ。それでね、走るのもけっこう速かったらしいよ」

「それにしても、1億5000万年もの間、繁栄していたってすごいね。ロマンだねえ」

「ロマン?」

「ロマンって、夢がある物語っていう意味なんだけどね」

といった具合に話が弾み、子どもは「ロマン」という言葉に耳ざとく反応し、新たな知識を得ることができます。

お母さんとの話が面白いということになれば、あまり興味のない話でも、そのなかから面白い話を発見しようとする気になるのです。

親子の絆が深まる上手な疑問の答え方

「ねえ、お母さん、空はどうして青いの？」

「虹はどうして、あんなふうにいろいろな色がシマシマになっているの？」

「ライオンのたてがみは何の役に立つの？」

「ヘビって、どこまでがおなかで、どこからがしっぽなの？」

ラジオ番組の「こども電話相談室」ではありませんが、子どもの頭のなかは、大人が見過ごしているような疑問でいっぱいです。

でも、こうした疑問は、考えてみると、すぐには答えられないものばかりのような気がしませんか？

そんなとき、聞かれたお母さんの反応には2つのタイプがあるようです。ひとつは、

「うるさいわねえ。そんなつまらないこと聞かないの」

と、子どもの疑問をシャットアウトしてしまうタイプ。こうなると、子どもは二度と、こうした質問をしなくなりますし、疑問そのものを持たなくなってしまうでしょう。

そしてもうひとつは、なんとか答えなければいけないと考えてしまうタイプです。

「えーと、あれはね……」

としどろもどろになりながら、うろ覚えの知識を頼りに一生懸命に説明しようとするのですが、子どもにわかるように説明するのは案外難しいものです。結局、子どもの頭には疑問符がついたまま。

これでは、子どもはお母さんに聞いてもしょうがないと思って何も聞かなくなり、せっかくの対話のチャンスを逃してしまいます。

こういうとき、お母さんがするといいのは、シャットアウトすることでも、答えようと必死になることでもありません。

子どもの疑問に必ず答えなければいけないということはないのです。親といえども、わからないことはたくさんあります。

「どうしてかしらね」

「今まで考えたこともなかった。どうなのかしらね」

「ほんと、何のためだか、お母さんにもわかんないな」

などと、子どもの疑問に同調し、いいところに目をつけたね、と尊重してあげることが大事です。そして、

「お母さんも考えてみるから、あなたも考えてみて」

「いっしょに調べてみようか」

と言えば、お母さんが自分に共感してくれたことがうれしくて、

「わかった。今度図書館に行ってみようよ」

「学校の理科の先生ならわかるかなあ」

と疑問を解決する方法を考えるにちがいありません。

子どもの疑問を大切にすることと、答えなければいけないと考えることには大きな違いがあるのです。

一方的に言いつのる子への「話し方」

子どもがこちらの言うことにまったく耳を貸そうとせず、一方的に言いたいことをまくし立てることがあります。

「さっきトランプ遊びをしたとき、僕はたしかにちょっとズルをしたよ。お母さん、タケシちゃんにあやまれって言ったけど、なんであやまらなきゃいけないの？　だって、先に、僕のカードをのぞきこんだのはタケシちゃんのほうだもん。それなのに、お母さんたら、あやまらない僕を怒った。それは変だよ。僕は絶対あやまらないからね！」

お母さんは、

「相手がしたからといって、同じようなズルをしたら、ゲームが面白くなくなるんじゃない？」

「タケシちゃんも悪いと思うなら、こっちが先にあやまれば、タケシちゃんもあやまってくれるんじゃないかしら」

などと言って、気まずく帰ってしまった友だちとの仲をとりもってあげようとするのですが、興奮してしまった子どもは、お母さんの言葉など耳に入りません。

あきらめたお母さんは黙ってしまいました。子どもは、お母さんが何も言わないことに不安を感じたのでしょう。急に黙り込んで、お母さんの顔を見上げています。

自分勝手な主張を言い立てる子どもに対するときは、このように、沈黙という「話し方」で対応するのもひとつの手です。

しかし、お母さんもいろいろと忙しい身、なかなかそうした対応をする余裕はないと思います。そういうときは、その場からいなくなるという奥の手があります。

「あ、忘れてた。お母さん、郵便局に用があるんだった。悪いけど、お留守番しててくれる？」

あれこれ言いつのっていた子どもは、相手がいなくなると冷静になり、自分にも悪いところがあったかなと気づくにちがいありません。ですから、比較的早く事態は収まります。

これは私もよくやることで、子どもの気が立っていて話の内容がよくわからないとき、

「いろいろなことを話してくれたけど、頭がうまくまとまらないんだよね。向こうへ行ってひと休みするね。その間に、君は、僕に言いたいことを整理して、そうだなあ、3つぐらいにまとめてくれないかな。それが終わったら呼んでね」

と言って、ひとりにしてしまうわけです。

人間は不思議なことに、相手がいるとどんどん腹が立ってくるものです。文句を言っているうちに気持ちが高ぶっていくのでしょう。

それは、子どもに限らず、大人でも同じです。相談に見えたお母さんも、初めは冷静に話していたのに、次第に涙まじりになっていくことがあります。そういうとき、私はたいていい席を外すことにしています。

たしかに、話を最後まで聞いて共感することも大切かもしれません。しかし、自分

の気持ちがわかってくれたと喜んだとしても、それは一瞬のことです。家に帰れば困った子どもがいる状況があるわけです。

したがって、もっと大事なことは、現状を打破するにはどうすればいいのかを、いっしょに考えることなのではないでしょうか。こちらの提案を聞いていただくために、私は席を外して、相手が冷静になるのを待つのです。

第4章

こんな「聞く習慣」で、子どもはどんどん学ぶ

Magical Words for Raising Children
with True Listening Skills from Dr. Adler

ふだん、子どもの話をちゃんと聞いていますか。

どんな返事をしていますか。

親に話をじゅうぶん聞いてもらった子は、人に話を聞いてもらう快さを感じ、自分も聞くことができるようになります。

何か特別なトレーニングをしなくても、日常生活でできるちょっとした習慣で、子どもの「聞く力」に差がつくのです。

親が子どもの話をちゃんと聞けば、子どもも聞くようになる

親が子どもの話をちゃんと聞いてやれば、子どもも親の話をちゃんと聞くようになります。

子どもが一生懸命話しているときは、親のほうが先に「ちゃんと聞く」という習慣を持つことが大切です。

子どもの話をいいかげんに聞いているのに、自分の話だけちゃんと聞かせようとしても無理でしょう。

「お母さん、あのね。今日、先生がね。えーとー、みかん畑があるんだって。それでね。今度の日曜日なんだけど、お母さん、いる？　お父さんは？　先生がおうちの人

に聞いてきなさいって。〇〇ちゃんちは、お母さんが大丈夫って言ってるんだけど」

学校から帰ってきた子どもが、興奮して息を弾ませながら、お母さんに一生懸命話しています。

でも、お母さん、何が言いたいのやら、何を聞いてきなさいって言われたのやら、さっぱりわかりません。

「何なの？　いったい。お母さん、うちに帰ってきたばかりで忙しいんだからね。わけのわかんないことばかり言って。それよりも、頼んでおいたお布団は？　取り込んでくれたの？」

……これでは、子どもの話をちゃんと聞いていることにはなりません。

この場合も、話の前後を解きほぐしてあげれば、子どもが何を言いたがっているかがわかるはずです。

「ちょっと待って。話がよく見えないんだけど。みかん畑があるって、どこにあるの？」

「だからあ、先生のお父さん、みかんをつくってるんだよ」

「そうなんだ。それで？　今度の日曜日って？」

「先生がね、車の運転してくれるお父さんかお母さんがいないかなって」

「それで？」

「みかん狩りに連れて行ってくれるって」

「わかった。お母さんは大丈夫だけど、お父さんにも聞いてみようね」

といった具合に、上手に話を返していってあげればいいわけです。

子どもは、お母さんが何をわからないと言っているのかを理解しようとして、一生懸命に聞こうとします。

それはお母さんが、自分の話を一生懸命わかろうとしているのだな、というお母さんからの意思表示と受け止めるからです。

お母さんが聞いてくれていることがわかると、子どもは人に話を聞いてもらうことの快さを感じ取ることができます。

人の話を聞けるようになるためには、このように、まずはちゃんと聞いてもらえたという経験が前提として必要なのです。

こんなふうに、ちゃんと話を聞いてもらうとうれしいものなんだな、という経験があれば、自分もちゃんと聞くことにしようと思えるようになるでしょう。

お母さんと子どもの間に、「話す」「聞く」の関係が生じるわけです。

こうした関係を育てることなく、一方的に、

「お母さんの言うことを聞きなさい」

「お母さんの言うことが聞けないの？」

というのでは、子どもは聞く気になるはずもありません。

聞く力を育てるためには、お母さんが子どもの話をたくさん聞いてあげることが大切なのです。

もうひとつ、「聞ける」態勢づくりに必要なことは、子どもにとってイヤな話ではなく、楽しい話をすることです。

話したり聞いたりすることって楽しいな、面白いなという気持ちを育てるのです。

そのうえで、少しでもお母さんの話を理解しているようだったら、

「ちゃんとお母さんの話を聞いてくれたね」

と言ってみてください。

「ちゃんと聞いているよ」「ちゃんと聞いてくれたね」というメッセージを送り続ければ、子どもは、もっと聞こうという気持ちになるでしょう。

「あとでね」と言ったら、必ずあとで聞くこと

忙しいお母さんは、つい「あとでね」という言葉を口にしがちです。

「ねえねえ、今日の算数のテストでね、一問間違えちゃった。でも、何回計算しても、先生が言った答えにならないんだよね」

「お母さんは、これからお夕飯をつくるから、あとでね」

「今日先生が言ってたんだけど、海の底に巣を作っているアリがいるんだって。潮が満ちても、巣の奥までは水が入ってこないんだって。なんでかな。先生は、空気が何とかって言っていたけど、よくわからなかった。お母さん、わかる？」

「お母さん、今忙しいの。あとでね」

……といった具合。もちろん、お母さんの手が離せないときは正直に、

「今は相手ができないけれど、あとでなら話を聞くよ」

ということがあることは少しもかまわないと思います。

それはそれでいいのですが、問題は、その「あとでね」が、永遠に「あとで」になってしまうことです。

お母さんも子どもも、「あとでね」と約束したことを忘れてしまうのです。

概して、「あとでね」が永遠の「あとで」になってしまうときは、それがお母さんには興味のない話だったり、答える自信がない話だったりすることも多いようです。だからなおさら、「あとでね」が守られないのでしょう。

しかし、そうなると、**「あとでね」は、「聞いてあげない」「聞いてくれない」と同じ意味になってしまいます。**

「あとで」と言ったら、それは子どもと「あとになったら聞くよ」という約束をしたことになります。ですから、まさにあとで聞かなければいけないのです。

「さっきの話、今なら聞けるよ」

と、「あとでね」を忘れていないよ、ということを子どもに知らせてあげないと、

「お母さんはいつも僕の話を聞いてくれない」

と思ってしまうでしょう。

そこで、子どもと「あとでね」という約束をするときは、

「あと30分経ったらね」

とか、

「今日はダメだから明日ね」

などと具体的に言ったほうが、お互いに忘れることなく約束を守れるようになります。

会話の中で「何がわかったか」を確認する

「今の話、どんなことがわかった？」

「先生がどんな話をしたか、自分の考えでいいから要約してごらん」

と、ふだんの会話のなかで子どもがどの程度まで話を理解したかをチェックする習慣は、子どもが相手の話を理解する力を育てるために役立ちます。

こういう会話の確認作業をしないと、相手との関係に誤解が生じます。自分は○○と理解したけれど、相手は××と思っているのかもしれないのです。

たとえば、小学校4年生と1年生の兄と妹の例です。

毎年夏休みになると、二人はお母さんの生まれ故郷である田舎の家に行っていました。大きな川が流れ、深い森が近くにある田舎はカブトムシの宝庫でした。

その年も、ふたりは従兄たちといっしょに森へ出かけていきました。そして夕方、お母さんは帰ってきた息子を見てびっくり。いっしょに行ったはずの妹がいなかったからです。

「陽子ちゃんは?」

「えっ、帰ってないの? 先に帰ってるはずだけど」

聞くところによると、カブトムシがたくさんとれて、かごに入り切らないので、新しいかごを持ってくるように言いつけたというのです。それから大騒ぎになりました。そこでは、子どもが迷子になると、すぐに川にはまったのではないかという心配をします。

お母さんは生きた心地がしなかったといいますが、家族総出で探した結果、迷子になって隣の町まで行っていたことがわかり、無事に帰ってきました。

ほっとしたお母さんは、お兄ちゃんを叱りつけました。

「陽子ちゃんはまだ小さいんだから、そのこと考えなきゃダメでしょ。わかった?」

「わかった」

さて、その翌日、いつものようにカブトムシをとりに行ったのですが、陽子ちゃんがひとりで泣いています。お母さんは、またお兄ちゃんを叱りました。

「どうして置いてきぼりにするの？」

「だってお母さん、まだ小さいんだからって言ったじゃない。だから連れて行かなかったんだよ」

この言い分はもっともです。どうやら、お母さんが言った意味と子どもの受け止め方にズレが生じたようです。

つまり、お母さんは「ひとりで帰すようなことをしないでね」という意味で言ったのに、「わかった」と答えたお兄ちゃんは、違うわかり方をしたわけです。

何かを人に伝えようとするとき、相手がこちらの言うことをすべて、そのとおりに受け止めてくれることはほとんどありません。会話というのは、しょっちゅうズレながら進んでいくものなのです。

食い違いが生じて当たり前なのですから、

「わかった」

「わかったって、どういうふうにわかってくれたのかなあ」

「だから、明日から連れて行かなければいいんでしょ」

「ちょっと違うんだな」

「どこが？　連れて行かなければ、迷子になる心配もないでしょ」

「でも、陽子ちゃんは行きたいと思うよ。だから、いつもいっしょにいてくれればいいんだけどな」

「わかった」

「頼りにしているのよ」

頼りにしていると言われたお兄ちゃん、明日から、きっと連れていってくれるにちがいありません。

そして、こうした具体性を持った会話は、子どもが相手の言うことを理解できる力を身につけることにもなるのです。

読み聞かせを通して、聞く練習ができる

ＮＨＫ教育テレビの子ども番組がなかなか面白いと聞いて、私も何度かチャンネルを合わせたことがあります。たしかに、その道のプロが画面で繰り広げるさまざまな番組は魅力的でした。

たとえば、童話を朗読してくれる番組がありました。私が観たのは、中村獅童《なかむらしどう》さんによる、木村裕一さんの『あらしのよるに』でした。

お互いの姿が見えないまま、嵐の夜に逃げ込んだ、真っ暗闇の小屋の中で仲良くなった狼のガブとヤギのメイが主人公です。その正体を知ったときの驚きと困惑。それでも友情を育《はぐく》み、それぞれの仲間からの脱出を図って、のちの悲劇に至るまでの物語です。

歌舞伎役者の獅童さんは、いろいろな声を使い分け、視聴者を物語の世界へいざなってくれました。そのドキドキ感は、大人の私でも思わず引き込まれてしまいました。まして、目を輝かせて画面に見入る子どもを見たお母さんが、

「さすがプロだわ」

「私にはとてもできない芸当ね」

と、読み聞かせはテレビにお任せと思ってしまう気持ちはわかるような気がします。

しかし、私はどんなに下手でも、お母さんの肉声に勝るものはないと思っています。テレビから流れてくるのは、たしかに言葉には違いありません。しかし、機械を通した言葉は、テープに吹き込まれた自分の声を聞いたときのなんとも言えない違和感に似て、肉声とは感覚が違ってきます。

ある調査によると、お母さんは赤ちゃんに話しかけるとき、ややトーンを上げて話すそうです。それが赤ちゃんを安心させるトーンであって、お母さんは無意識に安心感を与える声をかけているのです。

さらにいえば、刺激の強いテレビに夢中になっているとき、一方的に入ってくる音

声を聞いているだけの状態になることが多いのです。

そういうとき、知的活動はほとんどなされていないといえるでしょう。テレビの音に集中していると、それ以外の音を全部カットしてしまうのも問題です。

その点でいえば、お母さんの読み聞かせは周囲の雑音も聞こえてきます。それが肉声の特徴なのです。

あるいは、子どもからの反応に合わせて、前に戻ったり、質問に答えたりすることができます。

つまり、**一方通行ではなく、双方向への働きかけができる**わけです。

それは、「話す」「聞く」の関係が成立していることを意味しています。

子どもは読み聞かせを通して、「聞く」ことの練習ができるのです。

要約力を高める「聞き取りゲーム」のすすめ

子どもが小学生くらいの年齢になったとき、私がよくおすすめするのが、親の話を紙に要約して書いてみるという「聞き取りゲーム」です。

最初は5分くらいの短い話から始めていただいてかまいません。

あらかじめ、今日、お母さんが聞いた面白かった話でも、近所のネコの話でも何でもいいですから、レコーダーに録音しておきます。

「はい。これから聞き取りゲームをします」

と、録音したものを子どもに聞かせたあと、30分ぐらい遊んでから、

「さあ、どれくらい覚えているかやってみようか」

と、お母さんが言ったことを紙に書いてもらうのです。それから、レコーダーを再

生して、書いた内容と答え合わせ。

「ピンポ〜ン！　よくできました」

「はい。間違いが10個見つかりました。もう1回聞いてみよう」

などと、クイズ形式やゲーム感覚でやると、お勉強にならずに、親子で楽しめます。

レコーダーに吹き込む内容も、「今日、何があった」という事実関係から始めて、「悲しかった」「うれしかった」といった気持ちを引き立たせるような工夫をしていくと、さらに効果的です。

ゲーム感覚を一層増すには、同じ話をちょっと変えたものを繰り返し聞いてみるのも面白いと思います。子どもが大好きな「同じ2枚の絵から間違いを3つ探せ」という間違い探しゲームと似たような遊び方ができるのではないでしょうか。

「間違い探し」が絵を一生懸命見る力を養うように、この聞き取りゲームは、聞く力を養うことができます。

そうすると、子どもの記憶のなかからすっぽりと抜け落ちているところがある場合があります。そこでお母さんには、子どもがどういう話を覚えているのか、どういう話だと忘れてしまうのかがわかります。

一般に冗談めいた話はよく覚えていて、まじめな話になると忘れている場合が多いようです。すると、冗談をうまく取り入れながら、話すという工夫も生まれます。

繰り返しになりますが、子どもが話を聞かない理由は、話し手の側にも責任がある場合が多いのです。

たとえば、あるお母さんは、認知症が始まったおばあちゃんの話をするとき、話が深刻にならないように、ユーモアたっぷりに、おばあちゃんの話をしました。子どもは、大笑いしながら、おばあちゃんのことを的確に捉えてくれたといいます。

また、親にとっては何でもない話でも、子どもにとっては聞きたくない話であるということもあります。

たとえば、子どもが生まれたときの話をしたとき、部屋の外で待っていたお父さんの様子とか、夜が明けたときの空が祝福するように晴れていたなどという話はよく覚えていていた子どもがいました。

ところが、へその緒が首に巻き付いていたという話はまったく覚えていない様子だったのです。お母さんにとっては、忘れられない重要な出来事でしたが、聞いた子どものほうは、聞きたくない話だったのかもしれません。

人の話を聞いてメモするという習慣は、社会人になってからも役立つようです。先日の読売新聞に、文章コンサルタントの堀内伸浩さんが、上司が部下を叱っている現場に出くわしたときのことを書いていました。

「その部下は、終始うつむき加減で、一見神妙に上司の話を聞いているように見えた。しかし上司は怒った。それは、上司のアドバイスをまったくメモしていなかったからではないか。……聞き上手といわれる人は、必ずといっていいほどメモを取っている。これには、記憶力の補完という意味もあるが、あなたの話を真剣に聞いていますよというパフォーマンスの意味もある。……上司やクライアントにいい印象を与えたければ、いつでもどこでもこまめにメモを取ることである。それが聞き上手への一歩になる」というものでした。

子どもはいずれ社会人になります。そのときのためにも、メモを取る習慣を持たせたいものです。

テレビより家族の会話の時間を増やす

子どもにテレビを見せておくとラクだからと、ついテレビに〝子守り〟をさせていませんか。

今の子どもに「聞く習慣」がなくなってきている背景のひとつに、テレビやビデオなどの存在があります。

前にも述べたように、いくらいい内容の教養番組でも、テレビとは受身で一方通行の関係のため、「聞く力」を伸ばす機会にはならないのです。

何事も程度の問題ですが、せっかくの親子のコミュニケーションの時間を減らして、習慣的にテレビをつけ、一日中テレビに子どもの相手をさせるというのでしたら、ちょっと心配です。

たしかに、テレビはあらゆる情報を流してくれます。そのなかから取捨選択すればいいという考え方もあるでしょう。

しかし、それができるのは、現実社会とテレビの中の社会が違うことを知っている場合に限られます。

たとえば、私たちは湾岸戦争も9・11事件もリアルタイムで知ることができました。けれども、テレビでは知りえないことがたくさんあります。現実を想像できる力がないと、そこに流れている映像に現実感を持つことができないのです。

もちろん、問題は「テレビの時間」によって「家族で会話する時間」が減ってしまっていることで、テレビが絶対悪というわけではありません。

親子のコミュニケーションのひとつとして使う別の楽しみ方があります。

それは、簡単なことですが、**テレビを見るときは、子どもといっしょに見ることです。**

テレビの話題を共通の話題にすれば、そこに「話す」「聞く」の関係が生まれます。

「こういうとき、あなただったらどうする？」

「僕ならこうするな」

「そうだね。お母さんでもそうするな」

……つまり、使い方でテレビ番組が親子の対話のきっかけになるのです。

そして、もうひとつ提案したいことは、せめて食事のときはテレビを消しましょうということです。

お母さんにしてみても、せっかくつくったごはんなのに、子どもの目はテレビに釘付けというのでは、つくった甲斐がないというものです。

いろいろな人と話すチャンスをつくる

親や仲のいい友だちなど、いつもの〝慣れた相手〟だけでなく、いろいろな世代や地域や価値観を持つ人と話す機会をつくる。こんなことを通しても、「聞く力」を伸ばすことができるでしょう。

たとえば、ある小学校では、「おじいちゃんやおばあちゃんに話を聞く」という課題が子どもたちに与えられました。

今の小学校高学年の子どものおじいちゃんやおばあちゃんといえば、子どものころに戦争があったという人が多く、ほとんどの人が戦時中の貧しかったころの思い出を語ったそうです。

もちろん、体験した者にしかわからないことばかりで、そのすべてを伝えることは不可能です。しかし、生の体験をした人々の口から語られる話は、子どもの心に何かを訴える力があったと思います。

　できるだけ多くの人々と話をするチャンスをつくって、そういう人々の体験を追体験させてあげることは、子どもが物事を理解する幅を広げる意味でもとても大事なことです。そこで子どもは多くのことを学ぶでしょう。

　こうした体験をしたときのお母さんの役割は、学んだことを子どもが確実に自分のものにできるための手助けをすることです。

「今日はおじいちゃんの話が聞けてよかったね。どんな話をしたの？」

「子どものころ、お米は食べられなかったっていう話」

「たしか、おじいちゃんが生まれたのは、昭和10年よね」

「うん、だから、小学校は国民学校っていう名前だったんだって」

「たしか疎開《そかい》もしているよね」

「疎開ってね、子どもだけ田舎へ行かなければいけなかったんだよ。でもね、おじいちゃんは、おばあちゃんの田舎があって、そこへ行ったからよかったって言ってた。

でもね、おじいちゃんのお父さんは、仕事があるからって東京へ帰ったんだよ」

「おじいちゃんのお母さんは、ずいぶんつらかったでしょうね」

「それはぼくのひいおばあちゃんだよね。おじいちゃんに隠れてよく泣いていたらしいよ」

こうした会話をすることで、子どもは戦争の悲惨さを、まるで体験したかのように知ることになるのです。

思えば、私が子どものころは、このように学校の課題として与えられなくても、親以外の人と接するチャンスがたくさんありました。両親共に働いていたので、学校からの帰りには、いつも近所のおじさんのところに行っていたものです。

夕方になれば、おじさんは、「どうせ帰ったって、母ちゃんいないんだろ。ごはん食べて行けよ」と言って、夕飯をごちそうしてくれました、お風呂まで入ってから帰ったこともありました。

調味料の貸し借りなど日常茶飯事。お互い同じような生活をしていましたので、互いが支え合って生活をしていたわけです。

今は、そうした風景はほとんど見られなくなりました。たしかに昔の共同体にはイヤな面もありましたから、それを嫌う気持ちもわかります。しかし、こうした地域の人と接する機会がないということは、子どもたちがごく身近な人の話しか聞く習慣がないということになります。

じつは、東京の荒川区で、地域づくりを目的にした「荒川五つの心運動」が発足し、私はその責任者になりました。

今、私たちはお節介おじさんおばさん運動というのをやっています。もっと他人に関心を持とうというこの運動は、子どもたちの興味・関心を広げ、いろいろな人の話を聞く力を伸ばすことにつながるにちがいありません。

ケータイ・コミュニケーションの落とし穴

近ごろ、若い人たちのコミュニケーションツールとして、急速に携帯メールが普及しています。

ところが、メールでの会話は、実際の会話とはかなり違います。

実際の会話から伝わるのは、話の内容だけではありません。同じ「うん、うん」というひと言でも、目を輝かせてうなずいているのかもしれませんし、逆に上の空で言っているのかもしれません。

その会話をしているときの姿勢や表情、声の調子など、ボディランゲージまで含まれているわけです。

それがメールになると、ほとんどなくなってしまいます。感情を表現しているといわれる顔文字や絵文字にしても、データ変換された図形や記号。ケータイという名の機械を通して心の交換ができていると思うのは錯覚なのです。

携帯電話でのメールのやりとりは、情報の交換なのです。

そこには個人的な感情やボディランゲージが抜け落ちています。相手の気持ちを共感するという作業ができません。

「聞くこと」とは「聞き取る」作業が必要です。情報の交換では、この「聞き取る」力は育たないのです。

バーチャル世界と聞く習慣との重大関係

毎日の聞く習慣によって、人の気持ちをくみとる力が育つという意味では、インターネットをはじめとするバーチャルの世界は大きな弊害となっています。

かつて、今ほどテレビが普及していなくて、パソコンも携帯電話もなかったころ、映画全盛の時代がありました。

人々は映画にのめり込み、やくざ映画を観れば、高倉健のように肩をそびやかして歩き、石原裕次郎のちょっと足を引きずる歩き方をマネしたものでした。

こうした世界と、このところ世の中を席捲《せっけん》しているバーチャル世界とどこが違うのでしょうか。ひとつは、映画は映画館という非日常的な空間であって、しかも、せいぜい数時間のことだということです。

そして、もうひとつは、観客は映画の世界の主人公にはなりえないということです。これがバーチャル世界でしたら、前にも述べたように、お茶の間で一日中ひたることができますし、物語を自分で創作して、その主人公になることができます。

そうなると、バーチャル世界にのめり込むあまり、現実社会の自分とどちらが本当の自分かがわからなくなってしまうのです。

インターネットの有害情報についても、取り締まりが追いつけないという状況で、いたちごっこというありさまです。出会い系サイトを通じて誘拐される、タレント募集のサイトをきっかけに性犯罪の被害に遭う……など、子どもたちがトラブルに巻き込まれるケースはあとを絶ちません。

私も、有害情報にいかに対応するかを先生方を含めて話すことが多くなりましたが、知れば知るほど、その危険性に愕然としています。

ネット上のゲーム（オンラインゲーム）は、一対一のゲームから、何百万人もの人間が参加するゲームに膨れ上がります。そこに展開される世界は、厳しい現実よりも魅力的です。現実世界では努力を要する人間関係も結ぶことができます。

それは、実際に汗を流したり、体験したりする世界ではありません。何もやっていないのに、何かを成し遂げたという錯覚を起こすのです。

残念ながら、このようなバーチャルな世界では「聞く力」は育たないのです。現実の親子や先生、友だちのなかで、体験を通して学ぶことができるのです。

“ひとり”より“みんな”で遊ぶ機会をつくる

前項ではインターネットのゲームや携帯電話の危険性をご紹介しました。とはいえ、今の子どもたちから、ゲームや携帯を取り上げることは不可能です。そこで、親子の間でよく話し合い、使用する時間や用途を制限するルールを設けることも必要でしょう。

そして、肉声でのやりとりを取り戻すことです。

繰り返しになりますが、同じ「聞く」でも、音楽を聴いたり、テレビやラジオの話を黙って聞くという意味ではない**ホンモノの「聞く力」は、生の体験のなかから生まれます。**

私が子どものころは、それがたっぷりありました。

「おまえ、まだ竹馬に乗れないのか？　教えてやるよ。コツがいるんだよ。こうやって……」

「あ、乗れた」

「よかったな」

といった具合。友だちみんなが喜んでくれて、いっしょに達成感を味わってくれたのです。

こうした集団で一緒に遊ぶ体験から、会話も出てくるわけです。

ここで誤解してはいけないのは、何も外で竹とんぼやベーゴマをしたり、缶蹴《かんけ》りをしたりと、伝統的な遊びを教えるべきだという話ではありません。

また、現代の子どもたちが置かれている状況を考えると、都市部では子どもが外で遊べない構造になっています。

昔、子どもたちが遊んでいたような狭い路地には車が来るからと追い出され、公園には変質者が現れたり、「キャッチボール禁止」と書かれた看板がある。これでは「外で遊びなさい」と言われても、行く場所がありません。

ただ、子どもたちにとって生の体験がいかに大切か、危ないからといって体験そのものをさせない風潮はズレてはいないか、ということを自覚する必要があると思います。

先立っても、雪の日にある学校を訪問したときに、校庭で雪合戦という、以前は当たり前だった光景が見られないので、びっくりしたことがあります。聞いてみると、雪の中を夢中で遊んで風邪でも引いたら、必ず親からのクレームが来るというのです。

学校でちょっと転んですりむいただけでも、破傷風を心配する親から、子どもに何かあったらどうするのか、という抗議が来るという話を聞いたこともあります。

さらに、今は「学力ブーム」。みんなと会話し遊んでいた時間は、塾で勉強する時間に変わろうとしています。

子どもがさまざまなことを体験し学ぶ機会を、親の価値観で阻もうとしないことが大切ではないでしょうか。

言葉より体験を通じて理解させる工夫

物事を理解するうえでは、言葉や説明ではなく、体験からわかるということがあります。

たとえば、「万引きしてはいけないよ」と言葉で言って聞かせるより、「欲しいものはお金で買うんだ」という社会のルールを買い物のなかで教えたほうが、子どもは理解しやすいでしょう。

それは、ただ漠然と買い物をし、お金を支払う様子を見せても身につくものではありません。買い物を意識的に、お金や社会のルールを教えるチャンスと捉える発想が必要です。

子どもが何かを欲しがったとき、

「100円って書いてあるから、100円払わなければいけないね。100円持ってるの？」

「持ってないよ」

「それじゃ買えないねえ。どうする？　お母さん、貸してあげようか」

「うん」

「じゃ、はい100円ね。レジまで持って行って、これくださいって言って100円渡すのよ」


こんな体験を通して、お金がなければ物を手に入れることはできないのだ、という社会のルールを知ることができます、

一方で、お金というのは、社会性を養う道具である半面、落とし穴もあります。それは、お金さえあれば欲しいものが得られるという意識を植えつけてしまうことです。

しかも、今の子どもたちは、働かずに多額の小遣いをもらっています。本来、物を買うのに必要なお金は働かなければ得られないものなのですが、親が苦労して稼いだものだという意識が希薄です。欲しいものはすぐに手に入らないとガマンできなくな

るわけです。

そこで、子どもにお金を与えるときは、それなりの労働をさせて、労働の報酬として与えることが大事です。

しかし、そうなると、子どもは何でもお金に換算するようになるという危険性もあります。

親としては、家族の一員として、家族の役に立ちたいという気持ちでやってもらいたいと思っているのに、何を頼んでも、

「いくらくれる?」

と言われるのは不愉快なものです。親子ゲンカのタネにもなってしまいます。

それでは、どうすればいいのか。それは、「お手伝い」と「労働」の違いを明確にしておくことです。

たとえば、風呂掃除を頼んだとします。それがお手伝いであるならば、たとえ石けんが残っていても、スポンジが出しっぱなしになっていても、家族の役に立ちたいという気持ちを尊重することが大切でしょう。そこで文句を言えば、子どもは二度とし

てくれなくなるかもしれません。

一方、子どもが「いくらくれる?」と言ったとき、それはお手伝いから労働に変わります。つまり、社会性を帯びてきます。仕事としてやるのであれば、いいかげんなやり方ではお金は払えないということです。結果責任が問われるわけです。

「いくらくれる?」

「やり方次第ね。この間みたいなやり方だったら、お金は払えないよ」

「わかった」

「じゃ、掃除をして、道具もきちんと片づける。ゴミ箱にたまっているゴミもちゃんと始末する。ついでに、5時に沸くようにしてほしいな。それができてたら50円ね」

「そんなにやらなきゃいけないの? 全部はムリだよ」

「全部できていなかったら、40円かな」

こうしたやりとりをすることで、一種の契約が成立します。子どもは、お金というのは仕事の報酬としてもらうものだということを理解することができるでしょう。

そして、時折、こんな会話もできるようになるのではないでしょうか。

「たまには、みんなのためにやってくれないかなあ。それもお母さんは期待しているんだけど」

「わかった。今回はタダでいいよ。特別サービスでね」

「ありがとね」

こういうときは、仕事内容には多少目をつぶって、喜んであげればいいでしょう。

“知識”ではなく“知恵”が授かる環境をつくる

「聞く力」を育てるために、教育現場では、語彙を増やしたり、言語表現を高めたりといった「知識」を与えることを考えがちです。しかし、生きていくうえでは、体験から得られる「知恵」が大切になってきます。

たとえば、なぜ、太陽が沈むのか、一日が変わるとはどういうことか、ビデオを見せたり、言葉で説明したりすることによって、理解することは可能でしょう。しかし、夕日を見て「きれいだな」と感動するなかで、夕日はどの方角に沈むのかなど、経験則から得られた「知恵」とはまったく違います。

アドラー心理学では、一貫して「知識」より「知恵」を重視しています。

たとえば、風邪の特効薬を発明することができたら、それはノーベル賞級の大発明だといわれています。風邪という病の実体はまだわかっていないのです。

しかし、人は、風邪に対するさまざまな対処法を知っています。生姜湯《しょうがゆ》を飲んでたくさん汗をかく、首にネギを巻く、大根の千切りに蜂蜜を入れたものを常備しておくなどの知恵を持っています。

大人ならば卵酒を飲んで寝ていればいいとか、カリン酒がいいなどということも知っています。

こうした知恵は、すべて体験から生まれたものです。体験をして、こうやればいいかもしれない、ああやってみたらダメだった、という具合に試行錯誤した結果、私たちはさまざまな知恵を身につけるのです。

知識などいくら持っていても何の役にも立ちません。アインシュタインも自分の記憶力のなさを揶揄《やゆ》されたとき、

「本やノートに書いてあることを、どうして覚えておかなければならないのかね？」

と反論したそうです。いつでも本やノートで調べられる知識の記憶に精力を使うよ

りも、もっと大切なことに頭を使ったらどうかと言いたかったのでしょう。

知識を実際に役立ててこそ、意味があるのです。たとえば、昨今、大人は子どもを危険から守ろうと一生懸命です。あそこへ行ってはダメ、ここは危険と子どもに教え、そこから遠ざけようとします。

しかし、私たちがすべきことは、そういうことよりも、危険を察知したり、危険から身を守ったりする知恵を子どもに授けることなのではないでしょうか。親の目の届くところだけでしか遊べないのでは、子どもは秘密基地や隠れ家をつくることもできません。

こうした体験ができる環境をつくることは、一見関係ないことのようですが、ひいては「聞く力」を育てることになるのです。

親子の会話も、ひとつの経験です。会話の文章を文法でやるような、「主語＋述語」のように分解し理解するのでは、決して「聞く力」は伸びません。

お母さんとの会話のなかで、喜んだり、ちょっぴりがっかりしたり、新しい発見があったりという会話が「聞く力」を伸ばし、子どもの知恵を育てるのです。

あとがきに代えて――話を聞くということ

序章でもご紹介したように、最近、学校の先生から「子どもたちが話を聞かない」ということをよく聞きます。授業中にも、先生が話をしているにもかかわらず、私語が目立つというのです。注意すれば一応はやめるのですが、またすぐ元に戻り、私語が多くなるというのです。

これは必ずしも子どもだけではありません。講演会などでも、大人の私語が目立ちます。人の話についていけないのです。集中できず、関心が聞くことから離れてしまうのです。

人の話を聞くということは、人と人との関係の基本的なもののひとつです。相手を理解し、協力関係をつくり上げるには、聞く力が必要なのです。聞く力は相手を受け入れ、関心を持っているということを伝えることでもあります。

聞くことを通してわかることがあるのです。相手はこんな考えをしていたのか、自分とは少し考えが違うな、などということがわかります。聞きながら相手の話を要約してみたり、納得したり、批判的に聞いたりもできます。

対話の場合も同じです。この場合は「聞く」と「話す」がお互いに繰り返して話が進んでいきますが、このときも聞く力がとても大切です。ちゃんと聞いていないと相手を誤解してしまいます。

しかし不思議なことに、「話し方教室」はありますが、「聞き方教室」というものはありません。聞くことは、耳が不自由でないかぎり誰でもできるからなのかもしれません。

でも、本当でしょうか。本来、聞くというのは、たんに受け身的に聞いているのではなく、積極的に相手の話している意味をくみとろうとする意志的な努力が必要です。聞き取る力が必要なのです。

漢字でも「聞く」と「聴く」があります。私たちが身につけなければいけないのは

「聴く」力なのです。「耳を傾ける」ことです。最近の子どもたちはどうも、この耳を傾けるということができないようなのです。

この「聴く」力は自然発生的に身につくわけではありません。子育てや教育を通して訓練し、経験して覚えていくものなのです。「話し上手」よりも「聴き上手」といわれます。この「聴き上手」が人間関係を豊かにしていくのです。

この本では、聴くことについて多面的に書いてあります。子育ての参考にしていただけたら幸せです。そして、聴くことのすばらしさを感じとっていただけたら、これ以上の喜びはありません。

星　一郎

本書のお問い合わせ、子育てに関するご相談は、返信用の八〇円切手を同封の上、左記までお願いいいたします。

〒二三七-〇〇七六　神奈川県横須賀市船越町八の二一の五　わいわいギルド

著者紹介

星 一郎 心理セラピスト。1941年東京生まれ。東京学芸大学卒。都立梅ヶ丘病院精神科心理主任技術員を経て、都立中部精神保健福祉センター勤務。その後、財団法人精神医学研究所兼務研究員、日本アドラー心理学会評議員などを歴任し、現在、子育てボランティア団体「わいわいギルド」代表のほか、IP心理教育研究所所長を務める。専門は個人カウンセリング、個人心理療法。オーストリアの精神科医アドラー博士が提唱した「アドラー心理学」を取り入れた子育て論や子どもへの対処法には定評がある。

著書に、『アドラー博士が教えるこんなひと言で子どものやる気は育つ』『アドラー博士が教える「失敗に負けない子」に育てる本』『アドラー博士が教える子どもの「がまんできる心」を引きだす本』（以上小社刊）など多数がある。

アドラー博士《はかせ》が教《おし》える

「話《はなし》を聞《き》ける子《こ》」が育《そだ》つ魔法《まほう》のひと言《こと》

2008年2月1日　第1刷

著　者　星《ほし》　一《いち》　郎《ろう》

発行者　小澤源太郎

責任編集　株式会社 プライム涌光

電話　編集部　03(3203)2850

発行所　株式会社 青春出版社

東京都新宿区若松町12番1号 〒162-0056

振替番号　00190-7-98602

電話　営業部　03(3207)1916

印　刷　中央精版印刷　　製　本　誠幸堂

万一、落丁、乱丁がありました節は、お取りかえします。

ISBN978-4-413-03662-7 C0037